幕末の金貨流出と横浜洋銀相場

グローバル経済との遭遇

髙橋秀悦 著
Shuetsu Takahashi

日本評論社

はしがき

二度目のペリー来航のとき、すなわち、嘉永七年三月三日（一八五四年三月三一日）に、神奈川においてマシュー・ペリーと林大學頭、井戸對馬守、伊澤美作守、鵜殿民部少輔の間で、我が国最初の近代的条約、日米和親条約が調印され、条約調印と同時に下田が開港した。この条約により、アメリカ船は、下田や（翌安政二年三月から）箱館に寄港し、薪水・食料・石炭その他の必要品を調達できるようになる。

日米和親条約の調印に続き、同年八月二三日（一八五四年一〇月一四日）には、イギリスとの間で日英約定（日英和親条約）が長崎で調印され、イギリス船に対して長崎と箱館において薪水等を供給する旨が取り決められる。さらに、九月二日、幕府はオランダ船に対して下田と箱館での寄港を認めるが、日蘭和親仮条約や日蘭条約（日蘭和親条約）の調印は、この一年以上も後のことであった。安政元年一二月二一日（一八五五年二月七日）には、日露通好条約（日露和親条約）が下田で調印されたが、アメリカ、イギリス、オランダとの各条約とは大きく異なる点があった。日露通好条約には、箱館・下田・長崎で薪水等を供給する旨の取り決めのほか、現代まで続く最も重要な外交課題、日露国境の取り決めも盛り込まれていたからである、すなわち、この条約により、択捉島は日本領、ウルップ島以北はロシア領、樺太（サハリン）島については境界を定めず、これまでの仕来り通りとすることになったのである。

四か国との和親条約は、薪水条約との別称があるように、薪水等の供給について取り決めたものであり、「ヒト・モノ・カネ・情報」の移動が始まるのは、フランスを加えた五か国との修好通商条約等の発効後のことである。最初に取り交わされた修好通商条約は、日米修好通商条約である。安政五年六月一九日（一八五八年七月二九日）に江戸で調印され、批准書交換は、条約発効後の万延元年四月三日（一八六〇年五月二二日）にワシントンにおいて行われた。使節団正使・新見正興（外国奉行、兼神奈川奉行）らは、アメリカ軍艦ポーハタン号に乗船し渡米した。このとき、幕府軍艦咸臨丸も、これとは別航路をとり浦賀（横須賀）・サンフランシスコ間を往復した。

安政六年六月二日（一八五九年七月一日）、神奈川・長崎・箱館が貿易港として開港する。各国との修好通商条約等において定められた開港日は、一八五九年七月一日（イギリス・ロシア）、七月四日（アメリカ・オランダ）、八月一五日（フランス）であったが、一八五九年七月の神奈川入港は、イギリス船二隻、オランダ船一隻に過ぎなかった。現代的視点からすれば、寂しい開港であったが、通商はしだいに増加していく。モノの移動に伴い、先進的な知識や情報をもった多くのヒトが、横浜や長崎、さらには箱館に居留することになる。

ところが、通商開始とともに、カネの移動（金貨流出）の問題が起こる。当時、アジアではメキシコ銀貨（洋銀）が広く流通し、交易に用いられていたが、日本国内の金銀比価と国際的な金銀比価の大きな違いから、洋銀が大量に流入し、日本の金貨（小判）が持ち出され、香港で売却されるという事態が起こったのである。金貨流出額については、一万両説から二千万両説まであり幅が広い。近年は、せいぜい十数万両とする考え方が通説となっていたが、従来の歴史学的考察とはまったく異なる視点、すなわち、日本のマネーサプライを捉える視点から、経済学的手法を用いて、金貨流出額を八五八万両と推計した藤野説が登場し、幕末経済史の研究者に大きなインパクトを与えた。

本書の第Ⅰ部では、まず、この金貨流出に関する歴史的な経緯や各論者の考え方を整理し紹介する。次に、『日本のマネーサプライ』勁草書房、一九九四年において展開された藤野の分析フレームワークを基本的に踏襲しながら、幕末居留地経済等を考察の対象に加える。これにより、金貨流出額は三二〇万両ほど減額され、五三八万両となることを示す。さらに、古くから幕末貿易収支データの精度が問題視されてきたが、この貿易収支データに許容範囲の修正を行うことが許されるならば、伝統的な方法とまったく異なるアプローチにおいても、金貨流出額は、二一万両程度となり、通説の金貨流出推計額に限りなく近づくことを示す。

アジアでの国際通貨・メキシコ銀貨の幕府運上所（税関）における公式な交換比率は、「メキシコ銀貨一ドル＝一分銀三・一一個」であったが、金貨流出騒ぎが収まった後、横浜では洋銀相場が形成され、洋銀相場は日々変動するようになる。第Ⅱ部では、この横浜洋銀相場に関する若干の経済学的考察を行う。

次に、本書のサブタイトルに言及する。グローバリゼーションやグローバル化という用語は、一九八〇年代初め頃から使われ始め、一九九〇年代半ばに一般にも使われるようになった。これらの用語は、「ヒト・モノ・カネ・情報」が国境を越え「地球規模」で移動することにより、様々な分野において、これまで存在した強固な障壁が消失しボーダーレス化する状況をさすが、未だに明確な定義はなく、漠然とした用語のまま用いられている。

世界史的視点から見れば、グローバル化には、数回の波やサイクルがあったとする考え方も有力である。近藤和彦・東京大学名誉教授によれば、近代のグローバル化、すなわち、「グローバル化の第二サイクル」は、「十八世紀末、イギリス産業革命、フランス革命によって始まり、第一次大戦／ロシア革命で終わる」が、その近代なるもの（モダニティ）は、現代にまで連続しているという。

この近代のグローバル化は、当然に、現代的用法の日本企業によるヒト・モノ・カネ・情報の地球規模の展開を意味するものではない。この第二サイクルのグローバル化は、パックス・ブリタニカ、すなわち、イギリスの下の秩序と平和の維持、イギリス型資本主義の地球的規模の展開であった。イギリスを中心とした欧米の政治・経済・社会制度の伝播、キリスト教宣教、究極の手段としての軍事行動が三位一体となった事象の地球的規模の展開であった。

極東の日本は、幕末、こうした欧米のグローバル化の展開に遭遇する。当時の日本にとっては、まさに未知の事象との遭遇であった。金貨流出は、このグローバル化の本質を肌感覚で理解するための代価であった。加えて、横浜洋銀相場は、最初の頃こそ、日本の特殊性を反映したローカルな相場形成が行われていたが、数年後には、当時の金融の中心地・ロンドンの為替相場とも連動するようになり、ロンドン市場の直接的・間接的な影響を受けるようになる。こうして、いったんはグローバル化の第二の波にのみ込まれたかのように思われた日本経済であったが、この波が終わる第一次大戦頃には、近代のグローバル化の中で大きな役割を演じるまでになる。

このような状況を背景にして、本書のサブタイトルを「グローバル経済との遭遇」とした次第である。

以下、本書を執筆するに至った経緯を述べる。本書の刊行に先立ち、本年九月、日本評論社より『海舟日記に見る幕末維新のアメリカ留学――日銀総裁富田鐵之助のアメリカ体験』を上梓した。同書第Ⅱ部第2章は、「アメリカ留学の経済学」を取り上げた章である。勝海舟は、アメリカに留学していた長男・小鹿や富田鐵之助に多額の留学費用を送金しているが、経済的に安定した留学生活を送るためには、アメリカでの受取額がどれくらいになるかが大きな問題になる。為替レートの換算には、横浜洋銀相場、メキシコ・ドル、アメリカ・ドル（金ドルと紙ドル）が複雑に絡み合う。経済学的な視点から横浜洋銀相場を捉え直し、同書第Ⅱ部第2章のバックグランド・ペーパーとして書き上げたものが、

「幕末・横浜洋銀相場の経済学――「海舟日記」に見る「忘れられた元日銀總裁」富田鐵之助(3)」『東北学院大学経済学論集』第一八四号、二〇一五年三月、一―三六頁

である。今回、これを修正・加筆し、第Ⅱ部とした。

金貨流出は、横浜洋銀相場が形成される直前の重大事件である。経済学部において「マクロ経済学」を講義することを日常の業とする歴史好きな者にとっては、専門外ながら、日本経済史上の大問題、金貨流出の問題を探求する強い欲求に駆り立てられる。これが、

「幕末・金貨流出の経済学――「海舟日記」に見る「忘れられた元日銀總裁」富田鐵之助(4)」『東北学院大学経済学論集』第一八五号、二〇一五年一二月、七―八六頁

である。今回、これを修正・加筆し、第Ⅰ部とした。

先に述べたように、この金貨流出額の推計にあたっては、『日本のマネーサプライ』において展開された分析フレームワークを基本的に踏襲した。著者の藤野正三郎先生（一九二七～二〇一二年）は、『日本の景気循環』勁草書房、一九六五年に見られるように、日本を代表する景気循環の研究者であった。この著作により、日経経済図書文化賞特賞やエコノミスト賞を受賞され、一九八六年には、理論・計量経済学会（現在の日本経済学会）会長に就任され、一九九三年には、景気循環の研究により、紫綬褒章を受章された方である。四〇年以上も前になるが、筆者の一橋大学大学院経済学研究科博士後期課程での研究指導教官であった。経済学のほかスキーと山登りの師匠でもあった。藤野先生の学恩に感謝しつつ、自分なりの金貨流出問題に対する答案を書き、厚かましくも及第点を付けていただきたいという思いが、心の片隅のどこかにあったように思う。

最後に、本書の出版にあたり、いろいろとご配慮をいただいた株式会社日本評論社の小川敏明氏、岩元恵美氏に深く感謝申し上げる。

平成三〇年一二月

高橋　秀悦

目次

幕末の金貨流出と横浜洋銀相場——グローバル経済との遭遇

第Ⅱ部　幕末横浜洋銀相場の経済学

第Ⅰ部　幕末金貨流出の経済学

はじめに

第I部の主たる目的は、国内の金銀比価と海外の金銀比価の差異に起因する「金貨流出」に焦点をあて、経済学的根拠に基づいて、幕末の金貨流出額を検討・推計することにある。

幕末に流通していた金銀貨は、明治四（一八七一）年五月の「新貨条例」によって、「両から円へ」切り替えられる。したがって、幕末の金銀貨の総量は、「両」マネーストックの最終値であるとともに、現在の「円」マネーストックの初期値そのものである。幕末の金貨流出額は、現在の初期値（幕末の最終値）に大きな影響を及ぼす要因のひとつであり、日本のマネーストック（マネーサプライ）の歴史的・統計的研究においても重要視されるべきものである。藤野（一九九四）の『日本のマネーサプライ』は、五七〇頁に及ぶ大著であるが、その分析の期間は、著書の「第一部 マネーサプライ 一八五八年〜一九九〇年」が示すように、安政五（一八五八）年以降を対象としており、分析は、幕末の金貨流出額を中心に据えた「第一章 幕末期の貨幣量とその流通量」から始まっているのである。

この幕末の金貨流出額については、明治二三（一八九〇）年の阪谷芳郎の一億円（二〇〇〇万両）説から明治四五（一九一二）年の山崎覚次郎の一万両説まで、「極端なひらきがあって、正確なところはわからない」（三上（一九九一）一八一頁）、「総額については必ずしも定説をもたない」（山本（一九九四）七七頁）のである。[1] しかも、多くの場合、経済学的根拠をまったく示すことなく、単なる推量を述べるにとどまっているのである[2]。

こうした中で、経済データに基づいて金貨流出額を推計した研究は、一分銀交換高と貿易収支に着目した石井孝（旧推計）の三〇万両説、金貨の在高と一分銀交換高に着目した三上隆三の八〇万両説、ジャーディン・マセソン商会資料を検討した石井寛治と石井孝（新推計）の一〇万両説、及び洋銀の流入量（貿易以外の洋銀流入量）に着目した藤野正三郎の八五八万両説の四つである[3]。

経済分析の観点からすれば、石井孝（旧推計）の三〇万両説と三上の八〇万両説は、（推計値は異なるが）一分銀交換高に着目する点で共通点をもっており、同じ分析フレームによる「上限（八〇万両）」と「下限（三〇万両）」と捉えることができよう。石井孝自身は、新推計の一〇万両説を展開する中で、旧推計の三〇万両説が「安政六（一八五九）年の貿易額の過少推計」によるとの認識に立って、新推計の一〇万両説を展開している。したがって、「安政六年の貿易額」が是正されるならば、「旧推計」と同じ方法で推計しても、金貨流出額は、十数万両台まで接近するはずである。これを検討することが、第一段階での目的になる。

藤野の八五八万両説は、基本的には、明治二（一八六九）年と安政五（一八五八）年の貨幣鋳造用の「銀」数量の差異を、貿易等による洋銀流入量等（国際収支差額等）、国際収支以外の洋銀流入量（金貨流出高）、国内銀生産量の合計として把握する考え方に基づいている。本書では、種々の経済データに基づいて、藤野推計を確認するともに、新たに「居留地経済」の概念を導入し、居留地からの洋銀受取額を推計する。その推計額は、一一三一万ドル余であり、貿易収支差額のほぼ三分の一に匹敵する。これが主因となり、金貨流出額は、五三八万両と推計されることになる。これを示すことが、第二段階の目的になる。

藤野推計では、石井孝が長年の研究から整備した貿易データ（『横浜市史　第二巻』五四八頁）を利用しているが、データの信頼性に欠ける面があることから、貿易データに大胆な仮定をおいて金貨流出額の推計を行う。これにより、金貨流出額は、二一一万両まで激減する。これを示すことが、第三の目的になる。

上で述べた第Ⅰ部の目的を達成するために、章構成を次のようにする。第1章は、これまでの研究との関連から、「海舟日記」の記載事項を紹介する。第2章では、「同種同量の原則」による「通貨の交換比率」の決定までの簡単な経緯説明と金貨流出額の諸説の紹介を行う。第3章では、第Ⅰ部のテーマからはやや外れるが、金貨流出を阻止するために発行された万延小判・万延二分判が幕末経済へ及ぼした影響について整理する。第4章では、「石井寛治・石井孝（新推計）の一〇万両説」と「石井孝（旧推計）の三〇万両説」等を詳細に紹介するとともに、両者の説の金貨流出額の収束可能性を検討する。第5章は、藤野アプローチを紹介するとともに、その前提条件等を検討する。第6章では、新たに「居留地経済」の概念を導入し、その経済規模を推計する（この章は、第Ⅰ部のコアであることから、三分の一のスペースを充てている）。第7章は、この「居留地経済」の規模の推計に基づき、第二段階の目的である金貨流出額を推計する。さらに、貿易収支のキャリブレーションを行い、第三段階の目的である金貨流出額を推計する。結論として、「石井孝（旧推計）」「石井寛治・石井孝（新推計）」「藤野推計」のいずれの推計に対しても適度の修正を行うことや貿易収支のキャリブレーションが許されるならば、金貨流出額は、一三万両から二一万両の範囲となることを示す。

（1）阪谷芳郎の一億円（二〇〇〇万両）説は、阪谷（一八九〇c）による。また、山崎覚次郎の一万両説は、山崎（一九二〇）二五一頁による。なお、阪谷の一億円説が掲載された『國家學會雜誌』の第四巻の総目次の著者名と論文「貨幣史上ノ大珍事 甲」の著者名は、「坂谷芳郎」であり、「阪谷芳郎」と記されるのは、論文「貨幣史上ノ大珍事 乙」以降である。

（2）例えば、「専門家の間でも意見が分かれ、大は八〇〇万両から小は一〇万両まで、ずいぶんと開きがあるが、妥当なところは三〇万両~四〇万両というところだろう」（東野（一九九七）二三六頁）という表現がされている。

（3）　各説の参考文献については、第3章以降に記載する。

第1章　海舟日記

本書の姉妹編である『海舟日記に見る幕末維新のアメリカ留学――日銀総裁富田鐵之助のアメリカ体験』は、その書名が示すように、海舟日記を視点に据え、幕末維新のアメリカ留学を論考した書である。本書は、その副産物として誕生したものであることから、「海舟日記」の関連箇所を紹介することから始めよう。

海舟日記の記載は、文久二年閏八月一七日（一八六二年一〇月九日）から始まるので、金貨流出が最も激しかった安政六（一八五九）年から安政七年にかけての記載は、当然ない。しかも、この時期は、勝海舟が安政七年一月一三日（一八六〇年二月四日）に咸臨丸で品川を出帆した後、一月一九日に浦賀からアメリカに向かい、同年の万延元年五月五日（一八六〇年六月二三日）に浦賀に帰港した時期にあたっている。(1)

金貨流出に関する直接的な記載は、金貨流出の最頻期からほぼ四年が経過した「文久三（一八六三）年一一月二七日条」に見られる。すなわち、

横浜遊歩、此処の外国居家皆広大、一家大抵五千両に下たらす、聞く、今此処にて一ドルの価、我三十五匁二・三分、外国之コンシュル并諸役軍乗組之士官等、運上所にて我か貨幣と引替ゆる時は、旧約によって三歩宛なり、此故に彼官吏等此引替にて一弗一歩方銀の利益あり、大抵上官なと唯銀幣引替にて一ケ年得る処の利、

　二・三万弗に到る、爰を以て其居家の如き、此利益にて足る、我か政府如此の事を改正する能ハす、区々として私利を得らる、歎息すへし

である。

「海舟が、横浜に出向いて見ると、外国人の家は広く大きく、たいてい五〇〇〇両以上はする。今の横浜洋銀相場は、「洋銀（メキシコ銀貨）一ドル＝三五匁二～三分《ふん》（一分銀二・三五枚相当）」であるが、外国の領事や軍艦乗組士官が運上所（税関）において日本の貨幣と交換するときには、従来からの約束によって、「一ドル＝一分銀三枚（三分《ぶ》）」であるので、彼らが交換すると、「一ドルにつき一分銀一枚（一分）」の利益があがる。領事や士官は、ただ洋銀を交換するだけで、一年に二～三万ドルの利益を得るので、この利益で十分に家も建てられる」というのである。

第5章で紹介する藤野アプローチでは、金貨流出額の推計において一八五九～一八六八年の貿易額が大きな役割を果たす。幕末の動乱期には、船艦・武器等の輸入も急増する。[2] これについて、海舟日記では、

慶応三（一八六七）年二月一日

和蘭ポルスブルック江逢接、開陽船近々着船、右代価之書付并船中江積込品并閣老江差出す書翰受取

である。[3]「開陽」は、幕府がオランダから四〇万ドルで購入した軍艦（蒸気内車、二六門の砲を装備した四〇〇馬力の一八六六年製造の軍艦）であり、慶応三年三月に横浜に着き、五月に引き渡しを受けている。[4] なお、『勝海舟全集10　海軍歴史Ⅲ』によれば、幕末期の幕府軍艦（八艘）・船舶（三六艘）の購入代金（購入先は、主としてイギリスとアメリカ）は、三三三万六〇〇〇ドル、諸藩の船舶（九四艘）の購入代金は、四四九万四〇〇〇ドルと金八一〇〇両であった（一四〇頁）。

第5章では藤野アプローチの拡張を試みるが、その際には、貿易収支はもとより、（第一次）所得収支にも注意を払う。そのひとつが海舟日記でいう、軍艦操練所の外国人教師の雇用（給料支払い）にあたる。すなわち、

慶応三（一八六七）年二月五日

肥後殿より御話ニ云、昨日英督パルクス（イギリス公使パークス）云、海軍伝習として御地江越す者四人、学術兼備せしを選ミて、既に本国を発せりと

である。また、海舟は、前述の五月二〇日の開陽丸の引き渡しに関連して、オランダ側と海軍士官の雇い入れについて協議しているが（四月一九日条や二二日条）、これを知ったイギリス公使のパークスから（先行していたイギリス海軍士官の雇用との関連で）異論が出て、オランダ人の雇用を取りやめることとなった（五月一九日条と二一日条）。

九月にはイギリスの教師や士官が横浜に到着し（九月二七・二八日条）、一〇月には教師二人・下等士官二人・水兵四人が江戸にのぼっている（一〇月一六日条）。イギリス公使と相談の上、フランス人の先例にならって給料を支払うことになり（一〇月二二日条）[5]、一一月一一日に合計一七七両二分を支払っている。海舟日記の一一月一一日条の上欄に記載された内訳のメモでは、香港から横浜までの船賃として、士官四人に対して各二〇〇枚、ほかの八人に対して各一〇〇枚、計一六〇〇枚、イギリスから香港までの給料と諸経費として五四七七枚六二セント、書籍代等として五二〇ポンド一七シリングとなっている。

一一月下旬には、軍艦組伝習生と教師との顔合わせの後、軍艦の操練が始まっている（一一月二一・二四日条）。その航海費用として、神奈川の公使館で教頭に一万四一七二ドル余を渡し（二五日条）、教師・士官らへ給料も支払っている。給料の総額は、四七四三枚六〇セント（給料二か月分として四二三三枚、家具代不足分として一八八枚、「甲比丹」預かりとして三二二枚）である（一一月二八日条）。換算レートは、「一ドル＝四シリング三ペンス、洋銀一〇〇枚＝一分銀三一四分一二」となっている。

慶応三年一二月分と慶応四年一月分の「西洋教師等」への給料支払いは、ともに洋銀二三七一ドル七九セント五分である（一二月七日条・一月八日条）。一二月七日条には、換算レートについて「洋銀一〇〇枚＝一分銀三一四分一」と「一ドル＝四七匁一分」の旨の記載がある。これを「両」に換算すると、前者は〇・七八五二五両、後者は〇・七八五両と、海舟日記の記載の通りにほぼ同値である。一月八日条には、「一〇〇ドル＝銀三一四」のレートで換算すると、「一分銀七四四七枚」「一八六一両三分」となる旨の記載がある。これも、正しい計算値である。

海舟日記には、これ以後、「西洋教師等」への給料支払いの記載は見られない。

慶応四（一八六八）年一月二九日

横浜ヲロス方江、太田源三郎を介し為替金弐千三百両、小鹿・富田・高木三人分持せ遣す（浜武・山田持参ス）

の記載に見られるように、海舟の関心は、「西洋教師らへの給料支払い」よりも、アメリカ留学中の勝小鹿（海舟長男）・富田鐵之助・高木三郎の三名への二三〇〇両の送金との関連から「洋銀と一分銀の交換レート」にあったと思われるのである。

これは、ともかくとして、金貨流出額の推計（藤野アプローチの拡張モデル）においては、この西洋教師らへの給料支払い（一か月洋銀二三七一ドル七九セント五分）等も考慮する必要があることを指摘し、第2章に入ろう。

（1）『勝海舟全集　別巻　来簡と資料』の「年譜」による。
（2）山口和雄（一九四三）一二二頁では、文久三（一八六三）年～慶応三（一八六七）年の「小銃」の輸入額を、一二三

一万ドル（日本の輸入額の一二％程度）と推定しているが、洞（一九七七）では、文久三年～明治二年の小銃輸入量（額）を、五二万六〇六二挺（七六七万五三四九ドル）と推定している（四四一―四四二頁）。

（3）海舟日記の慶応三（一八六七）年二月一日条は、日記の原本「第五号」の末尾の記載内容と原本「第六号」の冒頭の記載内容とが異なっている（『勝海舟関係資料 海舟日記（二）』一八一頁及び『勝海舟関係資料 海舟日記（三）』二頁を参照のこと）。本書の二月一日条は、『海舟日記（三）』を引用した。

（4）『勝海舟全集10 海軍歴史Ⅲ』二二〇頁及び二七七頁による。開陽丸の諸器械・その他の附属品等の勘定書の詳細は、『海軍歴史Ⅲ』二五一―二七一頁に採録されている（この勘定書の金額の単位は、「元」表示である）。なお、海舟日記には、開陽丸の横浜到着と引き渡しについて、「三月二七日　昨夜開陽船和蘭より横浜江着船」と「五月二〇日　金川（神奈川）出張、本日開陽御受取済む」の記載がある。

（5）一〇月二二日条の上欄には、教師は二年契約であり、追って日本近海の測量も担当する旨の記載がある。

第2章　金銀の内外比価の相違と金貨流出

1　同種同量の原則と金銀比価[1]

嘉永七年三月三日（一八五四年三月三一日）、「日米和親条約（Treaty of Peace and Amity between the United States of America and the Empire of Japan）」が調印された。その第七条には、アメリカ船は、下田・箱館に入港し、金銀銭を支払うことや品物との交換によって必要な物資を調達できる旨が規定されていたことから、通貨の交換比率を決める必要があった。同年五月には、日米の実務者間で、「一ドルラル＝日本銀一六匁」で合意が成立した。

しかしながら、安政三（一八五六）年八月に初代駐日総領事としてハリスが着任すると、「同種同量の原則（両国金貨の同量交換、両国銀貨の同量交換）」を主張し、日本側に対してさまざまな圧力を加えるようになる。このハリスの主張は、安政四年五月二六日（一八五七年六月一七日）の「日米条約（Treaty between the United States of America and the Empire of Japan）」の第三条（Article Ⅲ）と安政五年六月一九日（一八五八年七月二九日）の「日米修好通商条約（Treaty of Amity and Commerce between the United States of America and the Empire of Japan）」の第五条（Article Ⅴ）に盛り込まれ、調印されるに至る。

安政六年六月（一八五九年七月）、日米修好通商条約が発効する。これにより、神奈川、長崎、箱館が貿易港として開港し、通商が始まる。下田は、神奈川開港にともない半年後に閉鎖される。通貨の交換比率は、同種同量の原則により、公定レートで「メキシコ銀貨一ドル＝一分銀三・一一個」（実務的には「洋銀一個＝一分銀三個」）となる。(2)

神奈川（横浜）開港から一年後の万延元年五月一二日（一八六〇年六月三〇日）、幕府の「外国銀銭、量目軽量、極印有無に拘らず、時相場を以て取引致すべき旨」の触れが出され、翌日から「横浜洋銀相場」が開かれる。これ以降、メキシコ銀貨（洋銀）との交換レートは、前章の冒頭で紹介した領事・軍艦乗組士官に対する交換レートを除き、横浜洋銀相場において決定されるようになる。

この同種同量の原則に起因する幕末の最大の通貨問題は、国内の金銀比価（1：4〜1：5）と海外の金銀比価（1：15〜1：16）の差異による「金貨流出の問題」である。すなわち、海外から「洋銀」が持ち込まれ、上の公定レートで「一分銀」と交換される。さらに、この一分銀が「金貨（小判）」と交換され海外に持ち出され、「金貨（小判）」が「金地金」として売却されるという問題（金貨流出問題）である。三上（一九八九）の概略的な説明に従えば、

「メキシコ銀貨一〇〇ドル」⇩「一分銀三一一枚（七七・七五両）」⇩「金貨（小判）七七・七五両（＝およそ金一三三一・四匁）」⇩海外で売却⇩「アメリカ金貨三三一ドル」

となる（一一四頁）。この「紙上計算」では、「メキシコ銀貨」を日本国内に持ち込むことにより、二三一％の利潤を上げ得ることになる。もっとも、安政六年七月六日には、「神奈川表への小判持出し禁制」の達が出されたこともあって、外国人の金貨買い入れ価格（外国人が一分銀と小判を交換するレート）は、高騰する。ジャーディン・マセソン商会の資料では、「一両＝二・五〜二・六ドル」(3)、すなわち、「メキシコ銀貨一〇〇ドル」が「金貨（小判）三八〜四〇両」と紙上計算の半分となり、利潤率も、五〇％をやや上回る程度となっている。

この三上（一九八九）の概略的な説明を他の複数の資料から確認すると次のようになる。まず、「天保一分銀（量

目二・三匁、純銀量二・二七四匁）」と「洋銀」の重量比較をすると、アジアで実際の取引において使われていた「低」量目のメキシコ・ドル（量目四一三・七グレイン）では、[4]「1：3.103」、また、アメリカで流通していた標準的なメキシコ・一ドル銀貨（量目四一七と一七分の一五グレイン、純銀量三七七・二五グレイン）やアメリカ・一ドル銀貨（量目四一六グレイン）では、[5]それぞれ、「1：3.134」「1：3.120」となる。同種同量の原則による「メキシコ銀貨一ドル＝一分銀三・一一個」の交換では、ほほ等重量の交換となるが、純銀量の重量比較では、「1：2.816」～「1：2.862」程度であり、日本側に不利な交換であった（しかも、天保一分銀には、わずかではあるが一〇〇〇分の二・一の金も含まれていたのである[6]）。

日本側に不利な交換ではあったが、「メキシコ銀貨一〇〇ドル」は、「一分銀三一一枚」と交換されることになる。日本国内での小判と銀貨（一分銀）の公定の交換レートは、「一両（小判一枚）＝四分（一分銀四枚）」であったから、「一分銀三一一枚」は、紙上計算の上では、三上（一九八九）の説明のように「七七・七五両」の小判や二分判と交換されることになる。

「天保小判（保字小判）一両」は、「量目三匁、品位（金五六七・七、銀四二八・六）」であることから、これに含まれる純金量は、一・七〇三一匁（一匁＝三・七五グラム換算で六・三八七グラム）、純銀量は、一・二八五八匁（四・八二一七グラム）である。したがって、七七・七五両の小判には、一三二・四一六匁の純金と九九・九七一匁の純銀とが含まれていることになる。他方、アメリカの「イーグル金貨一〇ドル」は、「量目二五八グレイン、純金量で二三二・二グレイン」である。両者の純金量に限定して、「新貨幣例目」の「一匁＝五七・九七一〇一グレイン」で換算すると、「七七・七五両＝アメリカ金貨二三〇・五九ドル」となるのである。

2　安政二朱銀の発行

国際間の金銀比価の極端な差異から[7]、金貨が大量に海外に流出したが、実は、幕府は、事前にこれを予測し、これを阻止する策を講じていた。この阻止策は、勘定奉行と外国奉行の対立（論争）を経て幕閣が断を下したものであった。その経緯については、石井孝（一九八七）の第二章の「新二朱銀の発行及び停止の事情」（一八―六八頁）に詳細な研究結果が掲載されているので、これを参照していただくとして、阻止策の概要は、次の通りである。すなわち、安政六年六月（一八五九年七月）の日米修好通商条約の発効に先立って、五月二四日に、「貨幣の改鋳」と「新小判（安政小判）・一分判・新二朱銀の鋳造・発行」の触れを出し、二九日には、「六月一日から通用」の触れを出している。その中心は、「新二朱銀（安政二朱銀）」の鋳造・発行であった。この新二朱銀は、量目三・六匁、品位（千分比）八四七・六、純銀量三・〇九匁であり、これには若干（千分比で〇・四）の金も含まれていたのである（純銀量は、三上（一九八九）一二三頁による。ただし、計算値は三・〇五一匁である）。この安政二朱銀を、当時通用していた「天保一分銀（量目二・三匁、品位（千分比）九八八・六、金の品位（千分比）二・一）」と比較すると、重さ（量目）は、一・五倍以上ありながら、貨幣としての通用価値は、「銀一分＝銀四朱（二朱銀二枚）」の規定により、二分の一に過ぎなかったのである[8]。

幕府からすれば、「洋銀一ドル」の量目を七・二匁とすると、同種同量の交換の原則により、「洋銀一ドル＝安政二朱銀二枚」の交換レートになるはずであった。しかも、触れの新小判（安政小判（正字小判）、量目二・四匁、金の品位（千分比）五五五・〇、銀の品位四四二・〇）との関係においても、「小判一両＝銀四分＝二朱銀八枚」の交換レートからすれば、この金銀貨の比価は、「1：17.63」となり、国際的な比価よりもやや金高になり金貨流出は阻止されるはずであった[9]。

このことは、事前に想定された「洋銀一ドル＝一分銀三・一一個（実務的には三個）」の交換レートが、安政二朱銀の登場によって、「洋銀一ドル＝安政二朱銀二枚＝一分銀一個」に変更され、日本国内での洋銀（メキシコ銀貨）の貨幣価値は、一挙に三分の一に切り下げられることになったのである。これに対して、イギリス総領事オールコックは、安政二朱銀の発行が、貿易の大きな障害になると抗議するとともに、この改貨処置に対する釈明を求めたのである（石井孝（一九八七）五〇―五三頁を参照）。

しかも、安政二朱銀の発行は、国内的な矛盾を抱えていた。安政二朱銀二枚（純銀量六・一八匁）で「一分」通用であったが、併存して通用していた天保一分銀一枚の純銀量は、二・二七匁であった。言い換えると、両者の純銀量を比較すると、「天保一分銀」の二分の一の通用力しかない「安政二朱銀一枚（純銀量三・〇九匁）」のほうが純銀量を多く含んでいたのである。

外国側からの抗議を回避し、銀貨が抱える矛盾を解消するための方策は、「安政二朱銀」を基準として、すべての銀貨を改鋳し、それぞれの銀貨に含まれる純銀量を上げることである。例えば、「一分銀」の純銀量を六・一八匁（二・七二倍）程度とすれば、国内的な矛盾は解消され、また、洋銀との交換レートも、「洋銀（メキシコ銀貨）一枚＝一分銀一枚」となり、外国側が異議を唱える理由も失われる。しかしながら、この方策は、勘定奉行と外国奉行の対立（論争）の中で、勘定奉行が論じたように、当時の幕府の逼迫した財政状態（一か年八〇万両の不足）のもとでは、貨幣制度の全面的な改革（銀貨の品位を上げる改鋳）は不可能であり、従来の一分銀と安政二朱銀が併存する事態に至ったのである（同書、三七頁及び五六頁を参照）。

理論的に考えられる第二の方策は、一分銀を流通過程から回収し、それを安政二朱銀に改鋳する方策である。すなわち、貨幣の流通過程から一分銀をなくし、安政二朱銀を「金貨（小判・一分判）」の「補助貨幣」のひとつに位置づける方策である。これにより、国内的な矛盾は解消され、また、洋銀との交換レートも「洋銀（メキシコ銀貨）一枚＝安政二朱銀二枚」となり、外国側が異議を唱える理由も失われる。しかしながら、この方策は、一分銀の回収に相当の時間を要すること、純銀量では同一であったとしても改鋳後には銀貨流通量（通貨価値ベース）ではほぼ三分の一となること、銀貨流通量（通貨価値ベース）の減少を防ごうとすれば幕府財政の制約を受けること等の理由から実現不可能であった。

安政二朱銀の鋳造・発行は、このような状況のもとで、「外国側からの激しい抗議を前にして、わずか二二日で停止するのやむなきにいたった」のである。[10]その鋳造高は、八万八三〇〇両であり、江戸時代で最も鋳造高が少ない銀貨であった。[11]

3　金貨流出

安政六年六月（一八五九年七月）、日米修好通商条約が発効し、通商が始まる。前節で説明したように、幕府は、国際間の金銀比価の極端な差異から金貨が大量に海外に流出することを予測し、その阻止策として、安政二朱銀を鋳造・発行するも、外国側からの激しい抗議と国内事情から、すぐさま鋳造停止に追い込まれる。

開港当初は、洋銀と一分銀との交換が極めて困難であった。安政六年七月六日、江戸において町奉行が町名主に対して、「神奈川表への小判持出し禁制」の達を出したのをはじめ、[12]運上所（税関）等の公的両替機関では、一分銀が欠乏しているという理由で、洋銀と一分銀との引替拒否をしばしば公然と行っているのである。[13]したがって、この段階では、外国商人の金貨獲得の主な方法は、輸入代金の代価として「金貨」での支払いを請求する方法であった。

外国側が交換圧力を強め、アメリカの初代駐日公使ハリスが、[14]洋銀の一分銀への改鋳を提案した結果、八月下旬からは、洋銀と一分銀との交換が容易になり、交換額も増加する。幕府は、洋銀と一分銀との交換に消極的な態度をとりながらも、八月九日には、洋銀を材料銀として、新たに安政一分銀（量目二・三匁、品位（千分比）八九三・

五）を鋳造し、一日に一万六〇〇〇枚（四〇〇〇両）まで交換することを約束し、八月一三日には、安政一分銀を鋳造する旨の通達を出したのである。そして、洋銀と一分銀との交換が増加するに従って、「洋銀 ⇩ 一分銀 ⇩ 金貨」の交換ルートが外国商人の金貨獲得の主要なルートになる（石井孝（一九八七）七二―七三頁による）。

こうした中、開港三港の中でも、特に横浜で外国商人の小判獲得熱が貿易界を支配し、安政六年一〇月（一八五九年一一月）には、洋銀と一分銀の交換は最高潮に達した。一〇月七日（一一月一日）から二四日までの一八日間で、一一万八四八三ドル（一ドル＝三分換算で、一日当たり六五八二ドル、四九三七両）となった（同書、一三四頁による）。この時期、小判獲熱に浮かれた外国商人の中には、運上所（税関）での一分銀との交換に際し、虚構の人名・会社名を羅列して、天文学的数字の交換額を要求するものまで現れた。一八五九年一一月の英国商人バーバーの四〇〇万ドルを手始めに、エスクリッジの二兆一五五三億四七八一万九六三二ドルとなり、テーザムに至っては一二垓六六京六七七七兆八八八九億九九二二万二三三二一ドルの交換を要求している（同書、七三―七五頁による）。また、虚構の人名・会社名の例は、イギリスの初代駐日公使オールコックの『大君の都』において、「スヌークス［人をばかにする男という意味］、トゥックス［欲ばり男という意味］、ボッシュ［人をひやかす男という意味］、モーズィズ［ユダヤ人の金貸しという意味］、ナンセンス・アンド・フッケム商会［ばか者と泥棒の二人が共同経営の商会という意味］」のように示されている通りである。(16)

一〇月一七日（一二月一日）、突如、江戸城本丸が炎上した。幕府は、国庫出費増を口実に、洋銀と一分銀との交換停止に踏み切った。これによって、横浜の貿易に致命的な影響が出る状況となったことから、一一月一四日（一二月七日）、オールコックは、老中と会見し、洋銀の日本国内不通用と貨幣の交換停止が条約違反にあたり、貿易も不可能に陥っていると抗議している。これに対して、老中は、一日の一分銀の交換額を「神奈川一万個、長崎六四〇〇個、箱館六〇〇〇個、計二万二四〇〇個（五六〇〇両）」とする旨を回答している。(17)

さらに、一一月二二日（一二月一五日）には、アメリカ駐日公使ハリスが、イギリス・フランス両国の総領事と協議の上、洋銀に一分銀三個に値する旨の極印を打つことを決定したことを老中に伝え、幕府がこれを実行するよう促した[18]。一一月二四日には、ハリスは、中国では以前から洋銀に極印を打って通用している旨を述べ、幕府もこの方針に正式に同意し、安政六年一二月末から洋銀に「改三分定」の極印を押し国内通用を認めている[19]。しかしながら、日本人が、改三分定の極印の洋銀の通用を喜ばなかったことから、翌年の一月初めには取りやめになっている。

ところで、安政二朱銀の登場によって、「洋銀一ドル＝一分銀三個」から「洋銀一ドル＝安政二朱銀二枚＝一分銀一個」に変更されることに強く反対したオールコックであったが、単に安政二朱銀を撤廃させるだけでは、金貨流出の本質的な解決策にはならないと考えていた[20]。日本と外国（英米）との間の金銀比価に極端な差異があることを認識しており、日本の金銀比価を英米と同水準にまで改めることで、金貨流出が阻止され、貿易が促進されると考えていたのである。ただし、日本での洋銀の購買力を三分の一に切り下げる「銀貨価値の切り下げ」ではなく、「金貨価値の引き上げ」による金銀比価の改定である。このオールコックの考え方は、一八五九年七月一九日（安政六年六月二〇日）の老中への書簡にも表れている（石井孝（一九八七）五三―五四頁による）。すなわち、書簡では、「⑴日本の金銀比価は、ヨーロッパの標準と異なることから調整が必要であること、⑵その調整は、ヨーロッパと一致するような金銀比価の調整とし、名目的な調整であること、⑶これまでの外国通貨の購買力に注意を払い、恣意的な調整はしないこと」を述べ、この条件のもとで、日本側に貨幣制度を改革する権利があることを認めた上で、この幕府の安政二朱銀の鋳造・発行に対する弁明を求めたのであった。ハリスの態度がオールコックよりも強硬であったこともあってか、幕府の結論は、前節で述べたように、安政二朱銀の鋳造・発行の停止であった。

オールコックからすれば、「わたしが閣老たちを、真の解決策はかれらの手中にあり、かれらの金と銀の相対価値をヨーロッパ市場において通用している比率と同じにして不均衡を是正すればよいというふうに説得するには時間がかかった」（Alcock（1863）『大君の都（上）』四〇六頁）のである。すなわち、金貨流出が激化しかけた安政六年八月九日には、ハリスの意見も入れて、「古小判」に三倍の通用価値をもたせることによって、金銀比価を均等化できる旨を老中に伝えるとともに、この老中との会談内容をイギリス本国の外相にも報告しているのである。

こうした中、前述のように安政六年一〇月（一八五九年一一月）には、金貨流出が最高潮に達する。オールコックの認識では、「外国人が、かなり大規模に金貨の輸出を行っていた。そこで、政府は、それを強奪的な不法行為と見なして憤慨したばかりか、国をまったくの貧困状態におとしいれるという結果にいたく驚いた。実際に、これはかっての悪夢の再現であった。すなわち、外国との交際がはじまった最初の世紀［一六世紀］にポルトガル人やスペイン人は、国内の金塊や貨幣を手のおよぶかぎりもち出して当時の支配者に不安の念をいだかしめ、また憤慨させたのだ。たしかにこのことは、太閤様やその後継者たちが皆殺しと完全な鎖国策を遂行するにいたった断固たる憎悪の主な原因のひとつであった。われわれは、まさしくこれと同じ理由で、同じ危険にさらされているようであった」（Alcock（1863）『大君の都（上）』四〇六頁）のである。このような状況のもとで、オールコックは、短期的には、金貨購入が莫大な利益を上げるが、長期的には、洋銀と一分銀との交換停止により、貿易が、事実上、停止しているとの認識を強めるに至っている。石井孝（一九八七）の表現を借りれば、「オールコックは、金貨の輸出に奔走する外国商人も重大な責任を負うべきものであると考えた。外商をして金貨輸出の行為を停止させる処置を講ずることは、いまや彼にとって猶予できない事態となった」（八五頁）である。この後、オールコックは、金貨の輸出に奔走する外国商人に対して強硬措置をとり始める。

4　万延小判の発行

オールコックは、外国商人に対しては強硬措置をとるとともに、安政六年一一月一四日（一八五九年一二月七日）には、老中と会談し勧告を行った。すなわち、先に小判相場の引き上げを勧めたが、現在も「小判一枚＝一分銀四枚」のままになっているので、「小判一枚＝一分銀一二枚」とすべきであると改めて勧告したのである（石井孝（一九八七）九五頁）。ハリスも、一一月二〇日に老中と会談し、「古小判を三両、古一分銀を三分」の通用とすれば、金貨流出も止むことを老中に勧告するとともに、二六日には、フィラデルフィア造幣局の分析結果（一分銀＝三七セント、一分金＝一ドル一一セント、小判＝四ドル四四セント）に従うと、「一分金一個＝一分銀三個、小判一枚＝一分銀一二個」に相当するとする書簡を送っている（同書、九六―九七頁）。

幕府は、このオールコックやハリスの勧告に従って、金貨価値を引き上げる改革に着手する。この後の数回の実務的な折衝や英米仏からの意見聴取を通して、安政六年一二月二三日（一八六〇年一月一五日）には、「保字小判一個＝一分銀一三・五個」とする老中書簡を送るまで進捗したのである（同書、九八―一〇三頁）。小判を一分銀一二個以上にすることに、オールコックやハリスは、必ずしも賛成ではなかったが、あえて反対はしないという態度をとった。外国側の消極的了承が得られたことから、安政七年一月一九日（一八六〇年二月一〇日）、老中は、大目付に対して「外国交易ニ付、貨幣之釣合不宜」として、二月一日からの「保字小判・正字小判・一分判の直増」を通達した（老中は、翌日、英米仏の公使・総領事に対してこれを伝える書簡を送った。一月二三日には幕府の触れが出された[21]）。すなわち、

保字小判（天保小判）一両　＝　三両一分二朱（＝一分銀一三・五個）
保字一分判金（天保一分判金）＝　三分一朱
正字小判（安政小判）一両　＝　二両二分三朱
正字一分判金（安政一分判金）＝　二分三朱

である。なお、触れ等には、新小判・判金が鋳造されるまでの間、上のように読み替えて通用させることと、新小判等との引替・交換については、後に定めることも付言されていたのである。なお、石井孝（一九八七）によれば、

安政七年一月の段階では、商品としての金貨の価格は、一分銀一〇個（二・五両）まで騰貴したことから、金貨輸出の利益が減少し、金貨の流出も止んでいたと考えられるのである（一一四頁）。

三か月後には新小判等の鋳造の準備も整い、幕府は、万延元年閏三月二一日（一八六〇年五月一一日）から、外国側との最終調整に入る。調整は順調に進み、各国から同意を得られたことから、四月七日（五月二七日）、老中は、英米仏の公使・総領事に対して、新小判・新一分判を鋳造し、四月一〇日から通用されること等を通知した。[22]

「万延小判（新小判）」は、量目〇・八八匁、金品位（千分比）五七二・五、銀品位（千分比）四二三・六であった。これを「安政一分銀（量目二・三匁、金品位（千分比）〇・六、銀品位（千分比）八九三・五）」と比較すると（万延小判一両＝安政一分銀四個の換算で）、金銀比価は「1：15.75」となる。[23]国際的な金銀比価とほぼ同じ値である。ただし、「天保一分銀（量目二・三匁、金品位（千分比）二・一）、銀品位（千分比）九八八・六」との比較では、金銀比価は「1：18.00」となるが、[24]「良貨」の天保一分銀は、「悪貨」の安政一分銀によって、自然に駆逐されていくことになる。

Linderman（1877）によれば、アメリカでは、一七九二年から実際に「ドル貨」の鋳造が行われるようになった。当初は、純金・純銀の（重量）の比率が、法的には「1：15」と定められていたが（一三頁）、一八三四年には、「イーグル金貨一〇ドル」が小ぶりになり、純金・純銀の（重量）比率は、「1：15.988」となっていた。すなわち、「銀貨一ドル＝重さ四一六グレイン（純銀量三七一・二五グレイン）」には変更がないものの、「イーグル金貨一〇ドル」が「重さ二五八グレイン（品位（千分比）九〇〇・〇〇、したがって一ドル当たりの純金量は二三・二二グレイン）」と小さくなったことから、イーグル一ドル当たりの純金量と銀貨一ドルの純銀量の比率は、「1：15.988」となっていたのである。

このように、アメリカの金銀の比価は、上述の「万延小判（新小判）」と「安政一分銀」の金銀比価の「1：15.75」とほぼ等しいのである。しかも、「万延小判」の重さ（量目〇・八八匁）は、「正字小判（安政小判）」の量目

（二・四匁）のほぼ三分の一であったが、その純金量〇・五〇七八匁は、（新貨幣例目の一匁＝五七・九七一〇一グレイン換算で）二九・二〇五八グレインに相当することから、アメリカの一ドル金貨（イーグルと同品質、したがって純金量は二三・二二グレイン）よりも、いくぶん重く、純金量もいくぶん多かったのである。(25)

安政七年二月一日（一八六〇年二月一〇日）からの「保字小判・正字小判・一分判の直増」が適用されていたが、万延元年四月一一日（一八六〇年五月三一日）には、これらの旧貨幣と万延小判・万延一分判との交換が始まり、これにより、金貨輸出は、ほぼ完全に止まった。

さらに、日米修好通商条約第五条には、同種同量の原則の規定に加え、開港後一年間は、神奈川・長崎・箱館の各港の役所（運上所）において外国貨幣と日本貨幣を交換する旨の規定も盛り込まれていたが、幕府は、横浜開港から一年にあたる万延元年五月二一日（一八六〇年六月三〇日）、（翌日から）「外国銀銭、量目軽量、極印有無に拘らず、時相場を以て取引致すべき旨」の触れを出す。この幕府の触れによって、洋銀の市場取引が認められ、需給関係等を反映して洋銀（メキシコ銀貨一ドル）の相場（交換レート）が決定されることになったのである。しかも、万延元年の（和暦）八月、九月の横浜洋銀相場は、「一ドル＝三〇匁」、すなわち、「一ドル＝一分銀二枚」まで一分銀高・洋銀安が進んだのであった（詳細は、第Ⅱ部第2章第1節を参照のこと）。

（1）この節に関係する概説・参考文献等については、髙橋（二〇一八）を参照のこと。
（2）当時のアジア貿易においては、メキシコ・ドル銀貨が主要な決済通貨であったことから、この後、日本では、アメリカ・ドル銀貨もメキシコ・ドル銀貨も、区別なく「洋銀」と呼ばれるようになる。

（3）ジャーディン・マセソン商会の資料は、McMaster（1960）p.283と石井寛治（一九八四）一〇一頁に採録されている。大倉・新保（一九七九）二八四頁や藤野（一九九四）四八頁では、McMaster（1960）に基づき「一両＝二・六ドル」と算出し、石井孝（一九八七）一二一頁は、石井寛治（一九八四）に基づき「一両＝二・五ドル」を想定している。

（4）山本（一九九四）七七頁による。重量比は、「新貨幣例目」の「一匁＝五七・九七一〇一グレイン」を用いて換算した。なお、石井孝（一九八七）一〇頁の第1表には、メキシコ・ドルの鋳造地別の重量・品位の一覧が掲載されている。

（5）Linderman（1877）のp.23及びp.54による。

（6）『大日本貨幣史　第八巻』八七頁の「多数実験ニヨル品位」欄を参照のこと。

（7）藤野（一九九〇）は、「天保小判（保字小判）と天保一分銀の金銀比価」を「1：4.638」とし（一八五頁）、また、山本（一九九四）は、「1：4.64」としている（一〇八頁）。これに対して、国際金銀比価は、藤野（一九九〇）に採録されたアメリカ財務省の資料によれば、一八五九年が「1：15.19」、一八六〇年が「1：15.29」である（四七頁）。また、山本（一九九四）では、「1：15.5」としている（三〇八頁）。

（8）安政二朱銀の別称は、「新二朱銀」「大形二朱銀」とされているが（『大日本貨幣史　第八巻』八八頁）、「バカ二朱」と俗称されていた（三上（一九八九）一二三頁及び山本（一九九四）七二頁）。また、数か月遅れて鋳造・発行された「安政一分銀」は、「ドロ銀」と呼ばれていた（山口和雄（一九四三）一二六頁）及び三上（一九八九）一五一頁）。

（9）石井孝（一九八七）では、「1：17.17」とされている（四六頁）。

（10）石井孝（一九八七）五五頁による。「わずか二二日」の表現は、幕府が外国側の抗議を受け、六月二二日に洋銀の交換レートを従来通りとする旨を伝えたことが根拠になっているように思われる。ただし、『大日本貨幣史　第八巻』八八頁では、安政二朱銀の鋳造年限を「安政六（一八五九）年五月二七日より八月一一日まで」としている。これに従えば、鋳造期間は七三日である。

（11）『大日本貨幣史　第八巻』八八頁及び石井孝（一九八七）五五頁による。

（12）石井孝（一九八七）七〇―七二頁及び三上（一九八九）一一四―一一五頁を参照のこと。

（13）三上（一九八九）一三〇頁による。石井孝（一九八七）の「内外貨交換の停滞」（一三二―一三八頁）も参照のこと。

（14）タウンゼント・ハリスは、一八五九年一月一九日（安政五年一二月一六日）、駐日公使に昇格している。

（15）ラザフォード・オールコックは、一八五九年一月二三日（安政六年一月二一日）、駐日総領事兼外交代表に任命され、一八五九年一一月三〇日（安政六年一一月七日）、駐日公使に昇格している。

(16) Alcock（1863）の『大君の都（上）』（岩波書店版）の四〇九頁による。なお、三上（一九八九）一四三頁では、岩波書店版から同文を引用し、また、石井孝（一九八七）七七頁では、原著から、直接、日本語訳を起こしている。また、『日本における三年間 上巻』（講談社版）は、Alcock（1863）の原著の「サブ・タイトル」を日本語訳のタイトルとしたものである（本章に該当する箇所は、二一四頁である）。

(17) 石井孝（一九八七）一三九頁及び三上（一九八九）一四一頁による。アメリカ側の記録では、ハリスへの回答は、「神奈川一万個、長崎六〇〇〇個、箱館四〇〇〇個」である（石井孝（一九八七）一四二頁）。

(18) 石井孝（一九八七）一四二頁による。

(19) 石井孝（一九八七）一四二―一四五頁及び三上（一九八九）一四一―一四三頁による。

(20) 石井孝（一九八七）の「オールコックの金貨流出防止対策」（八二―九三頁）を参照のこと。

(21) 関係文書は、『大日本古文書 幕末外國關係文書之三十四』二四五―二四八頁、二五〇―二五一頁に採録されている。また、石井孝（一九八七）一〇五―一〇七頁及び三上（一九八九）一四三―一四五頁も参照のこと。

(22) 石井孝（一九八七）一〇八―一一一頁。

(23) 石井孝（一九八七）では、「1：15.59」となっている（一一〇頁）。

(24) 石井孝（一九八七）では、「1：17.33」となっている（一一〇頁）。

(25) 石井孝（一九八七）によれば、イギリスの副領事代理ユースデンは、「従来の貨幣は大きすぎて取引にも不便であったが、新貨幣（万延小判）は小形で便利である旨」を述べている（一〇九頁）。

第3章　万延小判・万延二分判発行の幕末経済への影響

第I部のテーマからはやや外れるが、幕末の金貨流出額を本格的に検討することに先立ち、ここで万延小判・万延二分判の鋳造・発行が幕末経済に及ぼした影響を簡単に整理しておこう。

1　金銀貨流通量の大幅な増加

幕府は、「保字小判・正字小判・一分判の直増」の通達を出し、さらに、「万延小判・万延一分金」等との交換（引替）を実施した。回収率は、「天保金」が五七・五％、「古二朱金（天保二朱金）」が四一・八％、また（安政三年から万延元年まで鋳造の）「安政二分判」が四〇・六％であったのに対して、（安政六年鋳造の）「安政金」は七八・九％であった[1]。前者の低い回収率は、明らかに、外国への金貨流出によるものである[2]。

「天保小判」は、直増により「三両一分二朱」相当の「万延小判」と引替（交換）され、また、「安政小判」は、「二両二分三朱」相当の「万延小判」と引替（交換）され、「（ほぼ三分の一の重さの）万延小判」や「万延二朱金」等に鋳造し直されたのである。石井孝（一九八七）によれば、幕末までの各種金貨の交換額は、一六七万五四五〇両である（二一一頁）。しかしながら、この交換額は、三上（一九八九）の「安政金」「安政二分判」の回収高（約一七二万両）に対応した額にとどまっており、これに「天保金」「古二朱金」「五両判」の回収分を合わせると、ほぼ一二〇〇万両に達する。(3) 三上（一九八九）のデータに基づき、「古二朱金」「五両判」の直増を「天保金」と同率（三・三七五倍）、また、「安政二分判」の直増を「安政金」と同率（二・六八七五倍）と仮定して、回収額一二〇〇万両の引替換算額を計算すると、三九一六万両となる。つまり、回収された旧貨幣は、ほぼ四〇〇〇万両の「万延小判」や「万延二分判」として鋳造し直されたことになる。

『大日本貨幣史 第八巻』によれば、鋳造高は、「万延小判・一分判」六二万五〇五〇両（慶応三年まで）、「万延二分判」五〇一〇万五七六両（明治二年まで）、「万延二朱金」三一四万両（文久三年まで）であり（八八頁）、「万延二分判」の鋳造が、小判の鋳造を圧倒していたのである。ところで、この数字の合計と前述の三九一六万両との間には、一四七〇万両ほどの差異が出るが、幕府は、一八六三年に北京金塊（神奈川で二二万五三二五ポンド、長崎で三万二〇〇〇ドル）を輸入し、「万延小判」や「万延二分判」を鋳造したと見られるのである。(4)

さて、山口和雄（一九六三）の「金銀貨の在高《ありだか》データ」から在高にほとんど変化がなかった金銀貨と明治二年の明治政府鋳造の「貨幣司二分判」「貨幣司新一分銀」等を除外したものを「金銀貨流通量」と推定すると（第5章の表5―1a、表5―1b、表5―2を参照のこと）、金貨流通量は、安政五（一八五八）年の約二一三六万両に対して、明治二（一八六九）年には、約六七二六万両（うち、万延二分判五〇一〇万五七六両）と三・一五倍になる。銀貨流通量は、安政五年の約二二七六万両に対して、明治二年には、約五一九四万両と二・二八倍になる。したがって、両者を合計した金銀貨流通量は、(5) 安政五年の約四四一三万両（四四一二万七八二八両）に対して、明治二年には約一億一九二一万両（一億一九二一万二三二七両）と二・七〇倍になっているのである。

2　金相場・銀相場の急激な銀安

ところで、徳川期は、金・銀・銅の三貨体制であり、それぞれが、無限通用力をもつ基本貨幣であったが、貨幣の流通は、「東（江戸）の金遣い」「西（大坂）の銀遣い」といわれるように、東日本と西日本とで大きな地域差が見られたのである。さらに、金貨・銀貨ともに、無限通用の基本貨幣であることから、「金遣い圏」と「銀遣い圏」の通貨の交換相場である「大坂の金相場」「江戸の銀相場」が形成されている。この交換レートは、当初は、金一両当たりの秤量銀貨である「丁銀」の重さ（匁）で示されていたが、明和二（一七六五）年以降は、「秤量銀貨」から「計数銀貨」に移行したことにともない、次第に実質的な金本位制に移行する。金貨と銀貨の交換レートも、交換比率を示す単なる指標に変わるが、交換単位は、それまでの「金一両に対する銀貨（丁銀）の重さ（匁）」が引き続き用いられたのである。

この公式の交換レートは、「金一両＝銀六〇匁」であったから、一八五〇年頃までは、「金相場」「銀相場」ともに、この公定レートを「参照値」としつつ、パラレルに、かついくぶん「銀安（六一・五〜六五匁程度の銀安）」で推移したが、一八五〇年代末には七三匁程度までの「銀安」になっている（新保（一九七八）一七一―一七三頁）。

前述のように、国際的な金銀比価への調整を目的として、万延小判・万延一分判の鋳造・発行が始まり、万延元年四月一一日（一八六〇年五月三一日）には、旧貨幣との交換も始まる。金銀比価は、万延小判一両＝安政一分銀四個の換算で、「1：15.75」とほぼ国際的な金銀比価となったが、国内的には、「万延小判」の重さ〇・八八匁は、「安政小判」の重さ二・四匁のほぼ三分の一となっていたことからすれば、金相場・銀相場は、「金安」「銀高」になることはあっても、この逆は起きないはずである。しかし、実際には、金相場・銀相場は、「金高」「銀安」が加速度的に進む（表3―1を参照）。新保（一九七八）のデータによれば、特に大坂では、この傾向が強まり、江戸との乖離も大きくなる（一七三頁）。一八六六年の大坂の金相場平均は、一一六・二一匁、一八六七年のそれは、一三九・三一匁となり、銀は、公定レートの二分の一まで「銀安」が進行していたのである。

万延小判の極端な劣悪化にもかかわらず、「銀安（本来の方向とは逆の動き）」は、「万延金貨は名実ともに本位貨幣そのものであった」（三上（一九八九）一四七頁）ことによる。言い換えると、銀貨は、金貨の計算体系（両・分・朱）に完全に組み入れられていたのである。

3　大幅な物価上昇

幕府は、「万延小判」の重さを「安政小判」のほぼ三分の一に減量したが、これまでの貨幣改鋳と異なり、新・旧貨の増歩交換方式をとった。このため、従来の通説では、「幕府はまったく改鋳益金を獲得することができず、財政バランスの改善はのぞむべくもない」（新保（一九七八）二八七頁）、「自らの保有している貨幣資産をのぞけば、幕府はまったく改鋳益金を収得することができなかった」（大倉・新保（一九七九）二九〇頁）とされていたが、洋銀流入と大量に鋳造された「万延二分判」に着目した大倉（一九八七）は、「この見解は、万延小判と一分金の鋳造に関する限り正しいが、同時に鋳造された万延二分判金については、修正を必要とする」（二四七頁）とした上で、「万延以前の貨幣改鋳益よりもはるかに巨額の利益を幕府にもたらし」（二五〇頁）、文久元（一八六一）年の貨幣改鋳益金を一八〇万両余としたのである。これに続き、大口（一九八八）も、旧貨幣の回収に限度があったことから、改鋳は無制限に行われたものではないが、文久元（一八六一）年～慶応二（一八六六）年の吹立《ふきたて》益金は[6]、一〇六三～一一三六万両にのぼるとし（一五九―一六〇頁）、さらに、藤野（一九九四）も、一八六三年に北京金塊を輸入し万延小判・万延二分判等を鋳造したと考えられること等を勘案すると、一八五八～一八六九年の期間においては一二八〇万両程度の鋳造益金があったと推定しているのである（五一―五七頁）。

表3－1　卸売物価指数、金・銀相場、為替レート

年	卸売物価指数	金・銀相場		為替レート		
	大坂	江戸	大坂	横浜洋銀相場	ロンドン市場	名目為替レート
1850	111.02	62.20	61.57			
-	-	-	-			
1858	100.00	70.60	72.49			
1859	103.42	71.50	73.77			
1860	125.53	72.40	73.36			
1861	141.16	73.60	72.45			
1862	132.79	79.75	77.23	33.85	383.00	129.65
1863	141.76	79.40	83.27	35.48	400.37	142.05
1864	172.67	84.78	91.00	36.01	400.25	144.13
1865	228.18	90.55	98.22	35.78	439.27	157.17
1866	361.14	97.95	116.21	43.04	431.50	185.72
1867	393.17	89.90	139.31	47.80	441.85	211.20
1868	351.92			43.75	447.51	195.79
1869	535.27			59.64	444.52	265.11
1870	484.12			61.71	444.48	274.29
備考	1858年=100に調整	単位：匁/両		単位：匁/メキシコ・ドル	メキシコ・ドル/100ポンド（対横浜相場）	匁 / ポンド
資料出所	新保（1978）282頁	新保（1978）173頁		「洋銀平均相場書上」山口茂（1952）ほか	Denzel (2010) p.533	

その原資はともかくとしても、幕府に巨額の改鋳益金がもたらされたことから、金銀貨流通量は、安政五年の二・七〇倍に達した。これにより、物価は急激に上昇する。新保（一九七八）が作成した卸売物価指数（大坂）を見ると、一八六六年に三・六倍、一八六七年でほぼ四倍、一八六八年は三・五倍に達しているのである（表3―1を参照）。

前述の金相場・銀相場の「銀安」は、「銀遣い」の西日本（大坂）が「金遣い」の東日本（江戸）との国内取引において、東日本の物品を従来のほぼ二倍の価格で購入しなければならない状況に陥ったことを意味しているのである。西日本（大坂）を中心とする銀貨流通量が、約二二七六万両（安政五（一八五八）年）から約五一九四万両（明治二（一八六九）年）へと二・二八倍の増加であったにもかかわらず、この間の卸売物価（大坂）はこれを大きく上回り、幕末

最後の三年には三・五～四・〇倍の上昇を示している。これは、大坂における「東日本からの物品」の移入価格が急激に割高となり、大坂の卸売物価を押し上げていたと考えられるのである。

江戸の物価データは未整備であるが、東日本（江戸）を中心とする金貨流通量が安政五年の約二一三六万両から明治二年の約六七二六万両へと三・一五倍の増加であったことからすれば、江戸の物価も当然に上昇する。マクロ経済学的には、「物価上昇率＝マネーストック増加率－実質経済成長率」であるので、経済成長（実質値）を超えるマネーストックの増加が物価に反映されることになる。いま、これを考慮に入れないとしても、江戸の「銀相場」は、一八六六年平均で九七・九五匁、一八六七年平均で八九・九〇匁であり、大坂ほどではないにしても、銀安であった。これは、江戸における「西日本からの物品」の移入価格が相対的に割安となり、江戸の物価を沈静化させていたと考えられるのである。

4　金融資産革命——資産効果と逆資産効果

金貨流出を阻止するために、幕府は、「万延小判」を「安政小判」のほぼ三分の一の重さとしたが、「保字小判・正字小判・一分判の直増」の通達により、従来の金貨価値は、ほぼ三倍増となったのである。これを藤野（一九九〇）によって確認すると、一八六〇年の「金貨流通高」二四〇〇万両を「歩増《ぶまし》評価」すると、(7) およそ七〇〇〇万両（二・九一倍）になるというのである（藤野（一九九〇）の「第8・1表　一八六〇年直増通用令による金貨の価値増大」二二二頁を参照）。

金貨価値が一夜にしてほぼ三倍増となったことにより、「金融資産革命」が起こった。すなわち、「金遣い圏」の東日本（江戸）に対して「極めて大きな資産拡大効果」をもたらしたのである。この資産拡大効果は、当然に、消費をはじめとする有効需要を増加させ、東日本経済の好循環をもたらす。しかしながら、この有効需要の増加と、直増通用に続く、万延小判・万延二分判等の鋳造・発行による「金貨流通量」の増加とによって、先に述べた幕末インフレーションが起こされることになるのである（藤野（一九九〇）二二三頁及び藤野（一九九四）三三頁）。さらに、藤野（一九九〇）によれば、幕府の巨額の鋳造益金（二一八〇万両程度）も、財政的には幕府の軍事支出を増加させることに寄与したことから、この面からも貨幣量が増加し、インフレを加速させたのである（二二三頁）。

つまり、東日本の「金遣い圏」では、直増通用令によって金貨価値がほぼ三倍となり、これに続いて、金貨流通量もほぼ三倍に増加したことから、幕末の東日本の物価も三倍程度となったと想定されるのである（大坂の卸売物価で見ると幕末には三・五〜四・〇倍になるが、前述のように、東日本では西日本からの物品の移入価格が相対的に割安になる）。東日本では、金貨価値の増加が先行し、物価の上昇はこの後追いであったが、物価上昇率が大きかったことから、金貨の実質価値は減価し、数年で元の水準に近づいていったことになる。

他方、西日本の「銀遣い圏」では、金貨も流通していたが、基本的には、銀貨が主に流通していたと見るべきであろう。したがって、「銀遣い圏」では、金貨とは異なり、直増通用令による銀貨の「歩増評価」の措置がとられなかったことから、金融資産革命は起こらず、最初は、資産拡大効果も生じなかった。しかしながら、東日本の金貨流通量がほぼ三倍となったことから、この影響を受けて銀貨流通量もほぼ二倍となったことや、大坂の「金相場」も公定レートの二分の一まで銀安が進行し、東日本との交易条件が悪化したことから、西日本の物価は、三・五〜四・〇倍（大坂の卸売物価ベース）にまで上昇した。この結果、銀貨の実質価値は、四分の一から三分の一まで減価したのである。すなわち、逆資産効果が発生し、資産縮小効果の圧力を受けることになったのである（藤野（一九九〇）二二四頁）。

藩札は(8)、幕府が金札発行に対して抑制的であったことから、銀建て（銀札）が大部分を占めていた。こうしたことから、銀遣い圏の西日本の諸藩に藩札の発行・流通が偏り（鹿野（二〇一一）三七頁）、藩債も大きかったのである。特に幕末期には、西日本の諸藩が軍事支出を拡大したことから、藩財政が悪化しこれを賄うために多額の藩札・藩債を発行するに至っている。[9] この藩札・藩債も、急激な幕末インフレによって、その実質価値が急激に低下していったのである。

このように、金融資産革命によって、東日本では、当初、資産効果が作用し、幕末インフレの進行とともに、その効果も徐々に消失していったが、西日本には「逆」資産効果のみが作用したのである。すなわち、「日本の通貨体制の対外調整に伴って発生した衝撃は東にプラスに、西にマイナスに作用した」(藤野(一九九〇)二三〇頁)のである。[10]

(1) 三上(一九八九)一一六頁及び藤野(一九九四)三七頁による。

(2) 三上(一九八九)は、「海外への天保金の流出率」を「慶長金の回収率七一・五%」と「天保金の回収率五七・五%」との差異(二四・〇%)と捉えている(一一七頁)。

(3) 回収高は、安政金二七万六八二九両、安政二分判一四四万一四七一両に対して、古二朱金五四三万九〇六一両、五両判一二万三四四五両、天保金四六七万七七二両である(三上(一九八九)一一六頁及び藤野(一九九四)三七頁を参照)。

(4) 藤野(一九九四)五一頁及び五五頁の第11表を参照。

(5) 山口和雄(一九六三)の「金銀貨の在高データ」に従って、安政五(一八五八)年と明治二(一八六九)年の「金銀貨の在高」を合計すると、それぞれ、五二七四万九六五六両と一億三一八一万三四七一両となる。しかしながら、山口が整理した第7表(七九頁)では、なぜか、安政元(一八五四)年の在高として五二七四万九七三八両、明治二年のそれを一億三〇七二万四一六一両としている。藤野(一九九四)は、この山口データに従って、明治二年の在高を一億三一八一万三四七一両と正しく訂正しながらも、安政五年の在高として、山口和雄が「安政元年の在高」と記載した五二七四万九七三八両をそのまま採録している(五三頁)。また、岩橋(一九七六)は、山口データ自体の見直し・修正を行い、安政五年の在高を五二七五万両、明治二年の在高を一億三〇二四万二〇〇〇両と推計している。

（6）大口（一九八八）の「表7―1　幕末期貨幣改鋳益金」（一六〇頁）のデータに基づいて、文久元（一八六一）年～慶応二（一八六六）年の吹立益金の合計額を計算（通用銀は、一両＝六〇匁で換算）すると、一〇六三～一一三六万両となる。

（7）藤野（一九九〇）の計算は、本章と同様に、山口和雄（一九六三）の「金銀貨の在高データ」に基づいている。歩増交換率は、「幕府御達留四十」に基づき、慶長金で五・四八両、享保金で五・六五両である。

（8）藩札発行の背景（幕府宛の藩札発行の申請の事由）としては、①領内の通貨不足の解消、②近隣諸藩からの藩札の流入防止、③藩財政収入の補てん、④藩士や領民を救済するための貸付原資の確保、⑤専売制実施に際し必要な前貸金の調達、⑥銀貨・銭貨不足に対応するための小額貨幣としての役割、⑦貸付利息の獲得による藩財政の立て直しが挙げられる（鹿野（二〇一一）三八頁）。

（9）藩札発行額のデータについては、鹿野（二〇一一）二三七―二四三頁を参照のこと。また、藩債額・藩札流通額のデータについては、藤野（一九九〇）二二五頁を参照のこと。

（10）金融資産革命のみが、東にプラス、西にマイナスに作用したのではない。日本経済は、開港によって閉鎖経済体系から開放経済体系へ転換したが、外国貿易においては「比較生産費の原理」が作用したことから、日本の絹織物に対する需要が急激に増加した。これによって、東日本では養蚕・生糸生産が急激に拡大するとともに、西日本では、綿作、和紙・菜種・藍・砂糖などの生産が停滞した（藤野（一九九〇）二二八頁）。開港による絹織物の輸出増加は、東日本にプラスに作用するとともに、綿織物等の生産停滞の遠因となって西日本にマイナスに作用したのである。

第4章　金貨流出額の推計(1)——石井孝推計（新・旧推計）の修正

第Ⅰ部のメイン・テーマに戻って、幕末の金貨流出額について検討することにしよう。この幕末の金貨流出額については、「はじめに」で述べたように、阪谷芳郎の二〇〇〇万両説から山崎覚次郎の一万両説まで極端な開きがあって、正確なところは不明であり、定説がない。また、この両極の二つの説は、経済学的根拠をまったく示すことなく、単なる推量を述べるにとどまっている。竹越の一〇〇万両説では、若干の論拠が示されているが、データに基づいて金貨流出額を推計した本格的な研究は、石井孝（旧推計）の三〇万両説、三上の八〇万両説、石井寛治や石井孝（新推計）の一〇万両説、藤野の八五八万両説の四つである。本章では、これらの諸説を整理・紹介するとともに、石井孝推計（新・旧推計）の修正を行うことによって、金貨流出額が一三万両となることを示す。ただし、藤野推計については、次章で整理・紹介するとともに、その前提条件等を検討する。

1　阪谷説、山崎説及び竹越説

幕末の金貨流出について、最初にその数量を示したのは、明治二三（一八九〇）年の阪谷芳郎の一億円（二〇〇〇万両）説である。すなわち、安政條約後一二年ノ間ニ日本ヵ失フタル金貨ハ少クモ一億圓ヲ下ラサルモノト概算スルヲ得ヘシ之レ全ク金銀比較價位ノ不平均ヨリ生シタル結果ナリトス……當時金ノ輸出セラレタル代リトシテ銀ハ輸入セラレタルニ相違ナシ然レトモ之亦精密ナル統計ヲ得ルコト能ハス（阪谷（一八九〇c）四六七―四六八頁）

である。阪谷のいう一億円を「天保小判一枚 四円三六銭六二」（阪谷（一八九〇c）四六九頁）で換算すると、二二九〇万両に相当することから、阪谷説は、二〇〇〇万両説と呼ばれている。しかしながら、引用文のように阪谷自身は、金貨輸出の代金を銀貨で受け取っているとしながらも、これを示す正確な統計がないとしているのである。

この二〇〇〇万両説の対極は、明治四五（一九一二）年の山崎覚次郎の一万両説である。すなわち、

外國商人亦互ニ競争シテ小判ヲ買集メタルヲ以テ、其價格忽チ騰貴シ、小判一個ニ對シ一分銀七八個ヲ與フルニ至リテレドモ、其利益ハ尚ホ大ナリシヤ言フヲ俟タズ。……僅ニ四個月ナリシモ、輸出セラレタル小判ハ約一萬枚ナリシト云ウ（山崎（一九一二）二五一頁）

である。

データ的根拠が明白ではない二つの説に比して、大正九（一九二〇）年の竹越與三郎の一〇〇万両説は、ブラックやラトーゲンの資料に基づき、次の推論を行っている。すなわち、ブラックが、最初の年の貿易額をイギリス通貨一〇〇万ポンドとし、茶・生糸等の輸出を二〇万ポンドとしていることから、竹越は、残りの八〇万ポンドのすべてを貴金属貿易と想定し、これを純金量に換算しているのである。「イギリス通貨一ポンド＝一・九五二六三五匁」で換算すると、「八〇万ポンドの純金量＝一五六万二一〇八匁」となるが、さらに、これを「保字金（天保小判一両）の純金量を一・七匁、正字金（安政小判一両）のそれを一・四匁」とすると、約一〇〇万両となるというのである（竹越（一九二〇）三〇八頁）。さらに、これを補強すべく、ラトーゲンの「実際輸出せられし金の量は知

り難きも、慎重に考察せば、多くも小判一百萬個を出でず」を引用しているのである（三〇八頁）。竹越説に関しては、山口和雄（一九四三）が「竹越氏もこれらの説に準據し、金貨流出額は約百萬両とされて居る。勿論、正確な流出高を示すことは殆んど不可能と思ふ」（一二六頁）と述べていることが、竹越説をほぼ通説としたのである（石井寛治（一九八四）一〇〇頁）。

2　石井孝推計（旧推計）と三上推計

幕末の金貨流出についての明治・大正期の議論の展開は、前節の通りである。近年でも、「大は八〇〇万両から小は一〇万両まで、ずいぶんと開きがあるが、妥当なところは三〇～四〇万両というところだろう」（東野治之（一九九七）二二六頁）のように推量をもって自説とする専門家が多い中で、早い段階（昭和一五（一九四〇）年）からデータに基づいて推計を行っていたのは、石井孝である。金貨流出推計額は、石井孝（一九四〇ａ）（一九四〇ｂ）では五〇万両内外、また『横浜市史 第二巻』二九四―三〇八頁では三〇万両内外である（『横浜市史 第二巻』の該当箇所の執筆者は、石井孝なので、本章では、これを石井孝（一九五九）と表記する）。この二つの推計方法は、基本的に同一である。石井孝は、次節で紹介する方法でも新しい推計を行っているので、本章では、石井孝（一九四〇ａ）（一九四〇ｂ）と石井孝（一九五九）を「旧推計」と呼び、石井孝（一九八七）を「新推計」と呼ぶことにしよう。

石井孝（旧推計）では、まず、金貨流出額を推計するための基礎的数字として、安政六年七月から安政七年一月までの「洋銀と交換された一分銀の数量」を推計する。この基礎的数字は、洋銀と一分銀の一日の交換限度額四〇〇〇両をベースとして推計した結果、石井孝（一九四〇ｂ）では、八四万両とされたが、石井孝（一九五九）では、五一万七五〇〇両に修正されている。

次に、石井孝（旧推計）では、交換された一分銀が、日本の輸出品の購入代金にも充てられることから、上の基礎的数字を「輸出用」と「金貨交換用」とに区分する。金貨流出は、長崎でもいくぶん見られたが、横浜が主であったことから、横浜輸出額を推定すると、安政六年七月から安政七年一月までの（一分銀で支払われた）横浜輸出額は、三〇〜四〇万ドル（二二万五〇〇〇〜三〇万両）となる。したがって、「洋銀 ⇩ 一分銀 ⇩ 金貨」の経路によって、金貨と交換された額（＝基礎的数字－横浜輸出額）は、石井孝（一九五九）では、二一万七五〇〇〜二九万二五〇〇両となる。

さらに、石井孝（旧推計）では、金貨獲得には外国商人が日本の輸入代金を金貨で請求する経路もあることを想定し、この期の輸入額一五万ドル（一一万二五〇〇両）の全額が金貨で支払われたと仮定する。

上の結果、金貨流出の合計額は、石井孝（一九五九）では、三三万〜四〇万五〇〇〇両となる。これは、上の三番目の要因のように明らかに過大に見積もっている点もあることから、「石井孝（一九五九）では、三〇万両内外」を結論としているのである（先行研究の石井孝（一九四〇ｂ）では、六五万両に対してプレミアムを考慮し、五〇万両内外を結論としている）。

ところで、石井孝（一九八七）では、ほとんど言及されていないが、『横浜市史 第二巻』の「第58表 各港貿易価額」（五四八頁）と石井孝（一九八七）の「第6表 一八五九〜六七年輸出（入）超過額」（一七八頁）とを比較すると、一八五九年の輸出入額のデータが修正されているのである。輸出額は、八九万ドル余から一〇八万ドル余と一・二一倍に上方修正される一方で、輸入額は、六〇万ドル余から五四万ドル余と〇・九倍に下方修正されているのである。この比率を一八五九年の横浜の輸出入額データに乗じると、横浜からの輸出額は、四〇万ドルから四八万五二〇〇ドルに修正され、輸入額は、一五万ドルから一三万四八〇〇ドルに修正されることになる。四八万五二〇〇ドルは三六万三九〇〇両に、また一三万四八〇〇ドルは一〇万一一〇〇両に相当する。この変更された数字をもとに、石井孝（旧推計）を適用すると、金貨と交換された額（＝基礎的数字－横浜輸出額）は、一五万三六〇〇両（＝51万7,500両－36万3,900両）となる。一八五九年の横浜輸入額の全額（一〇万一一〇〇両）が金貨で支払われたと仮定すれば、この二つの合計は、二五万四七〇〇両となる。ここで輸入額全額の金貨支払の仮定に関して調整を行えば、石井孝（旧推計）と同じ推計方法から導出される結論は、「二〇万両内外」となろう。

ここで、石井孝（旧推計）の紹介を終え、三上推計の紹介に入ろう（三上（一九八九）一一五—一一八頁）。三上推計は、まず、予備的リサーチとして、金貨（天保金）流出の上限額の検討から始まる。天保金（保字小判）は、鋳造高八一二万両余であったが、その回収率は、五七・五％と低く、したがって、四二・五％が未回収であった。これまでの小判でもっとも回収率が低かったのは、慶長金の七一・五％（未回収率二八・五％）であったことから、この両者の未回収率の差（一四％）に着目し、これを天保金（保字小判）の（暫定的な）流出率と仮定し、金貨（天保金）流出額は、一一三万五三五〇両を越えないものと想定するのである[1]。

次に、石井孝（旧推計）と同様の方法で、「洋銀と交換された一分銀の数量」を六五万六〇〇〇両と推計する。三上（一九八九）では、これに加えて、非公式ルートで外国人と（日本の）民間人との間で洋銀と一分銀の交換が行われていたことを想定する。すなわち、横浜洋銀相場が幕府から公認される前ではあったが、例えば「洋銀一ドル＝一分銀二枚」といったようなドル安での民間取引が行われていたことに着目し、非公式ルートでの交換額等を正規ルートでの交換額の二分の一、すなわち、三二万八〇〇〇両と想定する。したがって、公式・非公式ルートでの洋銀と一分銀との交換額の総計は、九八万四〇〇〇両となる。

幕府は、同種同量の原則によって「洋銀一ドル＝一分銀三枚」での交換（「洋銀⇩一分銀」の経路の確保）を求められていたが、「一分銀⇩金貨」の交換については、条約外の事項であったことから、安政六年七月六日には、神奈川表への小判の持出し禁止の措置をとり、金貨流出の阻止に努めている。こうした状況を反映して、外国人が、一分銀を小判に交換する際のレートも、この需給関係を反映して、日本国内での公定レート「小判一両＝一分銀四枚」とは掛け離れたものとなっていたのである。そこで三上（一九八九）は、外国人向けの金貨交換レートを「小判一両＝一分銀五枚」と仮定し、先の（一分銀）九八万四〇〇〇両は、「約八〇万両（七八万七二〇〇両）の金貨と交換され、海外に流出した」と見ているのである（一一八頁）。

三上推計では、公式であれ、非公式であれ、洋銀と交換された一分銀は、すべて金貨との交換に向けられたものと仮定されているが、本来、公式の洋銀と一分銀との交換は、貿易を促進するためのものであるから、石井孝（旧推計）のように、この推計額から輸出によって獲得した一分銀を控除しなければならないのである。また、非公式ルートでの洋銀交換額も、石井孝（旧推計）に比較して、過大になっている。

他方、石井孝（旧推計）では、三上推計や石井孝（新推計）のように、需給関係を反映した外国人向けの金貨交換レートが、まったく考慮されていない。計算値が過大推計であるとして下方修正した数字が、これに相当するものとも考えにくいのである。石井孝（一九五九）の基礎的数字五一万七五〇〇両と石井孝（一九八七）によって修正された横浜・輸出額三六万三九〇〇両とからは、すでに述べたように、一五万三六〇〇両（＝51万7,500両－36万3,900両）になる。これがメキシコ・ドルと交換される一分銀一五万三六〇〇両である。石井孝（一九五九）では、この一分銀のすべてが等価で金貨に交換されたと想定していたのであるが、次節で紹介するように、石井孝（一九八七）では、外国人が「一分銀」を「金貨（小判）」と交換する際のレートは、「一両＝二・五ドル（したがって一両＝一分銀七・五枚）」と内容が変更されているのである（一二一頁）。そこで、この変更されたレートを適用すると、一分銀一五万三六〇〇両は、金貨八万一九〇〇両程度（＝15万3,600両×一分銀4枚÷一分銀7.5枚）になる。さらに、輸入代金の全額が金貨で支払われたと仮定することには無理があることは、明らかであるので、輸入代金一〇万一一〇〇両のうち半分（五万五五〇両余）が金貨で支払われたと仮定すると、これを含めた金貨流出額の合計は、一三万二〇〇〇両程度になる。

3　石井寛治推計と石井孝推計（新推計）

石井孝推計（新推計）は、旧推計とはまったく別のアプローチでの推計、すなわち、石井寛治が発掘したジャーディン・マセソン商会文書（ケンブリッジ大学図書館蔵）に基づく推計である（石井寛治（一九八四）九九―一一〇頁及び『横浜市史 補巻』の「3 輸出貿易の展開⑶金貨輸出」の項（執筆者は石井寛治）九七―一〇八頁）。

幕末期のジャーディン・マセソン商会（Jardine, Matheson & Co.）は、デント商会（Dent & Co.）と並んで、イギリスを代表するアジア貿易を中心とする巨大商社であった。石井寛治（一九八四）が整理した「第25表 金貨輸出」（一〇一頁）によれば、一八五九年九月七日（安政六年八月一一日）の *Azoff* 号（長崎港）から一八六〇年二月八日（安政七年一月一七日）の *Claro* 号（横浜港）までの間に、四万五四〇〇ドル（メキシコ・ドル）相当の金貨が船積みされ、香港において七万二八七八ドルで売却されている。諸費用を除外した利益は、二万四九八六ドル（利益率は、平均で五二・一七％）であった。従来の通説では、利益率は、一〇〇％内外と思われていたことからすれば（山口和雄（一九四三）一二六頁）、ほぼ半分の利益率であった。しかも、一八六〇年二月八日の *Claro* 号での金貨の利益率は、一九・三九％と二〇％を割り込んでいたのである。

石井寛治は、この期間に船積みされた四万五四〇〇ドルの金貨は、McMaster（1960）の「小判一個＝二・六ドル」を暗黙裡に想定し、「小判にして二万両足らず」（石井寛治（一九八四）一一〇頁）の実績に終わったことから、デント商会をはじめとする欧米商社による金貨輸出やアメリカ軍艦ポーハタン号乗組員による狂乱的な金貨購入等を勘案しても、一〇万両台（仕入れ額二〇～四〇万ドル）と推計しているのである。

この石井寛治推計に対して、石井孝（一九八七）は、「大枠からいえば、これでよいと思うが、著者はさらに流出額を限定してみたい」（一二〇頁）として、次の議論を展開する。まず、ジャーディン・マセソン商会の金貨輸出額を、石井寛治（一九八四）と同額の四万五四〇〇ドルとする。次に、一八六〇年の横浜の輸出額データから、これに占めるジャーディン・マセソン商会のシェアを二一・三％と推計する（一八五九年下半期データは不正確なので採用しない）。この二つから、横浜のすべての商社の金貨輸出額は、二一万三一四六ドル（＝4万5,400ドル／0.213）となる。これに「小判一個＝二・五ドル」の調達コストを想定すると、八万五二五八両となる。これを基礎的数字として、はじめは調達コストが二・五ドルよりも安かったこと、長崎からの金貨輸出、船員・領事館員による金貨輸出等を考慮すると、「金貨流出額は一〇万両内外」となり、「いくら大きく見積もっても、一五万両を越えることはあるまいと思う」となる（石井孝（一九八七）一二一頁）。

ところで、石井寛治（一九八四）に先立って、ジャーディン・マセソン商会文書を周知せしめたのは、McMaster（1960）である。McMaster（1960）では、流出金貨は、小判一〇万個未満とする挑戦的な見解を出し、これに石井寛治（一九八四）がコメント（一〇八―一〇九頁）を加えていることはともかくとして、ここでは、ジャーディン・マセソン商会文書の考察を通して、上の金貨流出額を検討することにしよう。

先に紹介した石井寛治（一九八四）の「第25表　金貨輸出」（一〇一頁）では、八隻の船が船積み年月日順に記載されているのに対して、McMaster（1960）の「Table Showing Shipment of Japanese Gold Coins by Jardine, Matheson & Co.」では、九隻の船名が出港年月日順に記載されている。とりわけ、McMaster（1960）では、この九隻の（金貨）積荷コストの合計額は、一五万三七〇五・六一ドル、金貨五万九七五九個（五万九七五九両）となっており、ここから、メキシコ銀貨による小判調達コストは、「小判一個＝二・五七二ドル」として算出されることになる。これが、石井寛治（一九八四）の暗黙裡の想定レート「小判一個＝二・六ドル」、また、石井孝（一九八七）の想定レート「小判一個＝二・五ドル」の根拠である。なお、第5章で論及する藤野（一九九四）においても、これを根拠として、「小判一個＝二・六ドル」を金貨調達コストとしているのである。

洋銀と一分銀の交換には、前節で述べたように一日当たりの交換限度額が設けられていた（安政六年七月から安政七年一月までのこの交換額は、石井孝の推計額で五一万七五〇〇両であった）。外国人が同種同量の原則に基づいて「一ドル＝一分銀三枚」の交換レートで引替を行えたとしても、幕府が金貨流出の阻止に努めている中にあっては、この一分銀をさらに小判・二分判等に交換することは、難しくなっていたのである。日本国内での公定レート「小判一個＝一分銀四枚」、したがって、ドル換算では「小判一個＝一・三三三ドル」であったが、実際には、上のように「小判一個＝二・五七二ドル」となり、金貨調達コストは、ほぼ二倍に増加していたのである。しかも、国際金銀比価の違いから、日本で金貨を取得しこれを海外で売却すると、理論上は、二〇〇％以上の利益率となるはずであったが（第２章第１節で説明したように、メキシコ銀貨一〇〇ドルはアメリカ金貨三三一ドルに化ける）、金貨の売却地である香港では、大量の日本の金貨が売却されその価格が下落したことから、金貨取引の利益率は、五〇％程度まで下がっていたのである。

次に、石井寛治（一九八四）の「第25表」の船名とMc.Master（1960）の「Table」の船名を照らし合わせると、「第25表」には、一八五九年一〇月二四日に出港した *Carthage* 号の「（金貨）積荷コスト七万八〇〇〇ドル」の記載が見当たらない。また、*Hellespont* 号の日本インボイス価四五二七ドルも、McMaster（1960）では、三万四八三三ドルの（金貨）積荷コストとなっているのである。

McMaster（1960）によれば、長崎のオランダ商人は、幕府の財務当局から一八五九年七月に（日蘭修好通商条約発効以前の）債権の代価を一括して銀貨で受け取っているのである。*Carthage* 号の七万八〇〇〇ドル相当の金貨は、まさに、これに相当する額であった。また、*Hellespont* 号には、ジャーディン・マセソン商会が購入した金貨のみならず、個人や中小の商会が購入した金貨も積み込まれていたのである。例えば、ワーデン（個人名）の一万五〇〇〇ドル、テクター商会の一万四〇〇〇ドル等である。これらは、小判を（保険料を含めて）三・五ドルで評価したものであった。

石井寛治（一九八四）とMcMaster（1960）のジャーディン・マセソン商会文書には差異が見られるものの、上のことから*Carthage* 号の七万八〇〇〇ドル相当の金貨は、オランダ商人の金貨、また、*Hellespont* 号の三万四八三三ドルの金貨は、ジャーディン・マセソン商会以外の金貨であり、ジャーディン・マセソン商会の金貨は、四五二七ドルと考えることができよう。

このようにジャーディン・マセソン商会文書を解釈すると、先の石井寛治推計の「金貨流出額は一〇万両台」や石井孝推計（新推計）の「一〇万両内外」には、オランダ商人の金貨七万八〇〇〇ドル（古い債権の清算金として受け取った銀貨を使って獲得した金貨）を加算しなければならないことになる。McMaster（1960）の「Table」を参照すると、*Carthage* 号の（金貨）積荷コスト七万八〇〇〇ドルは、金貨三万個（三万両）とされていることから、これをも含めた金貨流出額は、およそ一三万両内外ということになる。

このように、石井寛治推計や石井孝推計（新推計）に対してこのような修正を行うと、一三万両内外ということになり、前節の石井孝推計（旧推計）に対する修正値一三万二〇〇〇両程度とほぼ一致することになる。

（1）　三上（一九八九）一一八頁による。しかしながら、三上（一九八九）の考え方に従って計算すると、一一三万六八六二両（未回収率一四・〇〇％）あるいは一一三万三八一二両（未回収率一三・九六％）となるはずである。

第5章　金貨流出額の推計(2)——藤野推計の検討

前章で整理したように、金貨流出額は二〇〇〇万両説から一万両説まで極端な開きがあったものの、いったんは一〇〇万両説が通説的な地位を占めるに至ったが、石井孝推計（旧推計）の五〇万両説（後に三〇万両説）からその見直しが始まり、ジャーディン・マセソン商会文書に基づく一〇万両説も登場するまでになった。こうして、「この著名な「金貨流出」の実態がかつて信じられたほどセンセーショナルでなかったことを結論する方向に傾いている。ところが、これに一石を投じる新推計が最近に現れた。藤野正三郎教授による八二〇万両強という極めて大胆な推計がこれである」（山本（一九九四）七八頁）、あるいは、「最近発表された藤野正三郎の研究では、貿易・貿易外・資本の各収支等という広範囲の条件を視野にしつつ、開港時の金貨流出を第一次のそれと規定し、およそ八二〇～八六〇万両と推定している」（三上（一九九一）一八二頁）のである。

藤野説を紹介した山本（一九九四）や三上（一九九一）では、それに該当する研究文献として藤野（一九九〇）の『国際通貨体制の動態と日本経済』を挙げているが、この書では、藤野説の結論（第一次金貨流出額八二一・五万両）が述べられているだけであり（一八九頁）、藤野説の詳細は、藤野（一九九四）の『日本のマネーサプライ』の「第一章　幕末期の貨幣量とその流出量」において展開されている（二九―五九頁）。この藤野説は、もともとは、一橋大学経済研究所のディスカッション・ペーパー・シリーズ（Aシリーズ、二〇六号、一九八九年九月）の「幕末期の貨幣量とその流出量（改訂版）」として試稿が発表された後、一九九一年三月、最終稿が『経済学季報（立正大学）』に掲載されたものであった。藤野（一九九四）に所収された最終結論は、「第一次金貨流出額八五八万両」である。

本章第1節では、藤野推計の分析方法を紹介するとともに、第2節では、この推計の根拠となった幕末経済データを検討する。

1　藤野推計の方法

藤野（一九九四）の金貨流出額の推計は、データ計算がやや複雑であるが、分析方法は、極めてシンプルであり、次のステップを踏む。すなわち、

① 山口和雄（一九六三）に基づいて、開港直前の一八五八年と一八六九（明治二）年の金貨・銀貨の在高を推計する。

② 上の①の在高と各種金銀貨の量目・品位とから、上の二時点の貨幣用の金・銀の数量を推計する。

③ 上の二時点の貨幣用の銀の数量の差異は、貿易等による洋銀の取得額（国際収支）、金貨購入を目的とした洋銀の流入額、日本国内での銀生産量の増加額によるものと想定し、一八五八〜一八六八年の国際収支と銀生産量を推計する。

④ 金貨購入を目的として流入した洋銀は、「小判一個＝二・六ドル」で金貨と交換されたとみなして、金貨流出額を推計する。

このアプローチに従うと、

1869年の銀数量 ＝ 1858年の銀数量 ＋ 国際収支の収入超過額
＋ 金貨購入を目的とした洋銀の流入額 ＋ 国内銀生産量

となる。すなわち、

金貨購入を目的とした洋銀の流入額
＝ 1869年の銀数量 － 1858年の銀数量 － 国際収支の収入超過額 －国内銀生産量

である。推計値ベースでは、

金貨購入を目的とした洋銀の流入額（137,478,647匁）
＝ 547,352,333匁 － 244,661,735匁 － 162,211,951匁 － 3,000,000匁

である[1]。

「洋銀一ドルの純銀量＝六・一六匁」とすれば、洋銀一・六ドルの純銀量は、一六・〇一六匁となる。この洋銀が金貨一両と交換されたことから、金貨流出額は

金貨流出額（8,583,832両）＝ 137,478,647匁 ÷ 16.016匁

となる（藤野（一九九四）四七―五〇頁）。

2　藤野推計と幕末経済データの検討

(1)　金銀貨在高と金銀数量

以下では、藤野（一九九四）が利用した幕末経済データを紹介するとともに、データの検討を行う。まずは、山口和雄（一九六三）の金銀貨在高データとこれに基づいて計算された金銀数量データを紹介する。

表5―1a・bの左側は、山口和雄（一九六三）の一八五八（安政五）年と一八六九（明治二）年の金銀貨在高データを整理した表である（表5―1aの左側は、二つの時期で変化がなかった金銀貨（若干、変化したものを含む）を「退蔵された金銀貨」として整理し、表5―1bの左側は、「変動が生じた金銀貨」を整理したものである）。また、表5―1a・bの右側は、『大日本貨幣史　第八巻』の「徳川氏貨幣鋳造一覧表」（八三―八九頁）に掲載された金銀貨の量目と品位（多数実験による品位）を採録したものである。

一八五八（安政五）年の貨幣流通量は、四四一二万七八一八両（退蔵された金銀貨も含めると五二七四万九六五五両）であり、一八六九（明治二）年の貨幣流通量（貨幣司の鋳造貨幣を含む）は、一億二三一九万一六七八両（退蔵された金銀貨も含めると一億三二八一万三四七一両）であった[2]。

表5―1aと表5―1bのデータを使って、「各種の金銀貨の在高×両換算の重さ（匁）×金品位（または銀品位）」を計算すると、両年の貨幣用金数量と銀数量が得られる。この合計が、表5―2に示されている。

藤野（一九九四）の第2表（三八頁）は、計算過程において、秤量銀貨の重量単位「貫」を「匁」とし、また、「慶長金」の重さを四・七六匁ではなく「元禄金」と同量の四・七五匁としていたので、本章の表5―2は、この点を修正している。この結果、金貨流出額の計算基礎となる一八六九年と一八五八年の銀数量は、それぞれ、五億九九六三万二五八〇匁、三億一三七二万一二三二匁となり、したがって、その差異は、二億八五九一万一三四八匁

表５-１ａ　金銀貨在高（その１）

	金銀貨在高			量目		品位（多数実験）	
	安政５年（1858年）	明治２年（1869年）	単位	１個の重さ（匁）	両換算の重さ（匁）	金品位（千分比）	銀品位（千分比）
（退蔵された）金貨							
慶長金（小判・一分判）	100,000	100,000	両	4.760	4.760	862.8	132.0
元禄金（小判・一分判）	198,540	198,540	両	4.750	4.750	564.1	431.9
乾字金（小判・一分判）	280,866	280,866	両	2.500	2.500	834.0	165.5
武蔵判（小判・一分判）	16,795	16,795	両	4.760	4.760	856.9	142.5
享保金（小判・一分判）	821,849	821,849	両	4.760	4.760	861.4	135.5
享保大判	8,515	8,515	枚	44.100	44.100	676.5	281.5
元文金（小判・一分判）	3,001,912	3,001,912	両	3.500	3.500	653.1	344.1
文政金（小判・一分判）	2,159,839	2,159,839	両	3.500	3.500	560.5	435.8
真字二分判	125,036	125,036	両	1.750	3.500	562.9	433.0
草字二分判	123,934	123,934	両	1.750	3.500	489.2	505.5
一朱金	18,253	18,252	両	0.375	6.000	123.1	874.0
天保大判	1,887	1,887	枚	44.100	44.100	673.6	283.3
計	6,951,044	6,951,043	両				
（退蔵された）銀貨							
文字銀（丁銀・豆板銀）	34,166	34,165	貫			0.6	451.0
新文字銀（丁銀・豆板銀）	17,817	17,816	貫			0.6	352.5
安永二朱銀	472,500	472,500	両	2.700	21.600	1.3	978.1
文政二朱銀	112,200	112,200	両	2.000	16.000	2.2	979.6
文政一朱銀	219,700	219,700	両	0.700	11.200	1.4	989.5
計	1,670,783	1,670,750	両				
（退蔵された）金銀貨合計	8,621,827	8,621,793	両				
備考	金貨：大判＝10両換算 銀貨：貫＝1,000匁＝16.67両換算						
資料出所	山口和雄（1963）			『大日本貨幣史 第８巻』83-89頁			

表5－1ｂ　金銀貨在高（その2）

	金銀貨在高			量目		品位（多数実験）	
	安政5年（1858年）	明治2年（1869年）	単位	1個の重さ（匁）	両換算の重さ（匁）	金品位（千分比）	銀品位（千分比）
（変動が生じた）金貨							
元禄大判	18,717	10,567	枚	44.1	44.1	521.1	448.4
古二朱金	12,883,700	7,444,638	両	0.4375	3.5	298.8	697.4
天保金（小判・一分判）	8,120,450	3,449,677	両	3.0	3.0	567.7	428.6
五両判	172,275	46,830	両	9.0	1.8	842.4	154.1
安政二分判		2,110,129	両	1.5	3.0	203.0	794.4
正字金（小判・一分判）		74,170	両	2.4	2.4	555.0	442.0
万延大判		17,097	枚	30.0	30.0	363.5	629.5
万延金（小判・一分判）		625,050	両	0.88	0.88	572.5	423.5
新二分判		50,100,576	両	0.8	1.6	228.2	768.0
二朱金		3,140,000	両	0.2	1.6	229.3	767.3
貨幣司劣位二分判		608,000	両	0.8	1.6	176.0	824.0
貨幣司二分判		1,133,219	両	0.8	1.6	223.4	774.0
計	21,363,595	69,008,929	両				
（貨幣司を除く）計		67,267,710	両				
（変動が生じた）銀貨							
保字銀（丁銀・豆板銀）	182,108	76,668	貫			0.4	260.5
政字銀（丁銀・豆板銀）		79,051	貫			0.2	135.0
古一分銀	19,729,100	11,010,100	両	2.3	9.2	2.1	988.6
一朱銀		9,952,800	両	0.5	8.0	1.7	987.1
二朱銀		6,700	両	3.6	28.8	0.4	847.6
一分銀		28,379,600	両	2.3	9.2	0.6	893.5
貨幣司新一分銀		1,066,832	両	2.3	9.2	0.9	806.6
貨幣司吹継一朱銀		1,171,400	両	0.5	8.0	1.1	879.0
計	22,764,233	54,182,749	両				
（貨幣司を除く）計		51,944,517	両				
（変動が生じた）金銀貨合計	44,127,828	123,191,678	両				
（貨幣司を除く）合計		119,212,227	両				
備考	金貨：大判＝10両換算 銀貨：貫＝1,000匁＝16.67両換算						
資料出所	山口和雄（1963）			『大日本貨幣史 第8巻』83-89頁			

表５－２　貨幣用金銀の数量

単位：匁

		金　数　量	銀　数　量
1858年	金貨	44,842,740	50,978,338
	銀貨	505,861	262,742,894
	計	45,348,601	313,721,232
1869年	金貨	52,728,471	104,787,317
	銀貨	622,276	494,845,263
	計	53,350,746	599,632,580
両年の差異		8,002,145	285,911,348
資料出所		表 5－1 a･b より計算	

（二八万五九一一貫余）となる。

⑵　貿易収支差額

藤野アプローチでは、一八六九（明治二）年と一八五八（安政五）年の銀数量の差異二億八五九一万一三四八匁から、国際収支収入超過による洋銀取得量と国内銀生産量を控除したものが、金貨購入を目的とした洋銀流入量となるので、ここで国際収支、とりわけ、そのコアとなる「貿易収支」について検討する。

幕末貿易の本格的な研究は、山口和雄（一九四三）と石井孝（一九四四）に始まる。山口和雄（一九四三）は、河合利安（明治二八（一八九五）年）、石橋五郎（大正一二（一九二三）年）、加藤清一（昭和五（一九三〇）年）及びパスク・スミス（一九三〇年）の各データを採録し、その比較検討を行っている（一〇―一八頁）。いずれも、「データ欠落」の年があることに加え、当時盛んであった「密貿易」の貿易額が含まれていないこと、艦船・武器の輸入額が加算されていないこと等のデータに関する欠点があった。

パスク・スミスのデータは、幕府運上所の計数を採用したものと見られるが、スミス自身は、運上所においてメキシコ・ドルを交換する際の名目レート（評価レート）と実際の交換レート（横浜洋銀相場）との間に大きな差異があること等から、貿易の実際の取引額は、五割強を付加することが適当であるとした上で、一八六五（慶応元）年以後は、この差異が解消したので、運上所の計数も大きな誤りがないものとしているのである（山口和雄（一九四三）一五―一六頁）。

他方、石井孝（一九四四）は、河合利安（一八九五年）とパスク・スミス（一九三〇年）の各データに加え、『横濱開港五十年史（下巻）』の横浜貿易額データを基礎データとして、生糸輸出データとの整合性・補完性を考慮した上で、さらに、艦船購入額と一八六七年の横浜港の米穀輸入額（一五〇万ドル）を加算し、幕末貿易額を推計したのである（三五―四二頁及び五〇―五四頁）。これが表5―3の「石井孝（一九四四）データ」である。幕末貿易データとして『横浜市史　第二巻』のデータが一般によく引用されるが、この箇所の執筆者は石井孝ということもあって、『横浜市史　第二巻』の貿易データは、石井孝（一九四四）のデータを若干修正したものとなっている。

石井孝（一九四四）の貿易データ、すなわち、『横浜市史　第二巻』の貿易データは、内輪に見積もった推計値である。その理由は、山口和雄（一九四三）とほぼ同様に、洋銀の減価から貿易価額が実際よりも低く申告されたこと、相当量の密貿易等があったこと、（艦船購入額は加算したものの）武器・軍需品類は算入されていないこと等である（五四―五七頁）。しかも、石井自身も、正しいデータを得ることは極めて困難としつつも、（石井推計の基礎となった）パスク・スミス自身のデータに関するコメント「一八六五年までは、日本の外国貿易額の近似値を得るには、少なくとも五〇％が附加されるべきであろう」や一八六五年のイギリス領事（長崎駐在）の報告趣旨「主に中国人による密貿易や税関での過小評価・誤解のために、輸出入とも、正しい総額を得るには一〇〇％が附加されるべきである」を引用しているのである（五七頁）。

石井孝（一九八七）は、先に述べたように、一八五九年の貿易額の修正を行っている（一七七―一七八頁）。この修正は、*British Parliamentary Papers Japan 4* による修正であった（一八〇頁）。なお、一八五九年以外の貿易額は、『横浜市史　第二巻』のデータの通りであった。

近年では、Cullen（2009）（2010）が、「徳川期沿岸交易及び幕末・明治初期海外貿易の統計」に関する資料評価

表5-3　幕末貿易収支

単位：メキシコ・ドル

年	パスク・スミス（1930年）			石井孝（1944）			『横浜市史 第2巻』石井孝（1987）		
	輸出	輸入	貿易収支	輸出	輸入	貿易収支	輸出	輸入	貿易収支
1859	1,200,000	750,000	450,000	891,416	603,161	288,255	891,416	603,161	288,255
							1,081,219	541,965	539,254
1860	4,554,000	1,645,700	2,908,300	4,713,788	1,658,871	3,054,917	4,713,788	1,658,871	3,054,917
1861	3,472,500	2,082,000	1,390,500	3,786,566	2,364,609	1,421,957	3,786,652	2,364,616	1,422,036
1862	-	-	-	7,278,525	3,881,765	3,396,760	7,918,196	4,214,768	3,703,428
1863	6,059,000	2,197,000	3,862,000	12,208,218	6,199,101	6,009,117	12,208,228	6,199,101	6,009,127
1864	10,156,900	6,280,000	3,876,900	10,572,223	8,102,288	2,469,935	10,572,223	8,102,288	2,469,935
1865	13,960,800	11,147,000	2,813,800	18,490,331	15,144,271	3,346,060	18,490,331	15,144,271	3,346,060
1866	16,054,000	12,510,000	3,544,000	16,616,564	15,770,949	845,615	16,616,564	15,770,949	845,615
1867	16,049,000	13,545,000	2,504,000	12,123,675	21,673,319	△9,549,644	12,123,675	21,673,319	△9,549,644
1868				20,435,333	15,000,871	5,434,462	20,435,333	15,000,871	5,434,462
合計				107,116,639	90,399,205	16,717,434	107,756,406	90,732,215	17,024,191
							107,946,209	90,671,019	17,275,190
資料出所	山口和雄（1943）12-13頁 石井孝（1944）36-37頁			1859～1867年データ： 石井孝（1944）50-54頁 1868年データ： 『横浜市史・資料編2・統計編』			1859年と合計の上段のデータ： 『横浜市史 第2巻』548頁 1859年と合計の下段のデータ： 石井孝（1987）178頁 1860～1867年データ： 『横浜市史 第2巻』548頁 石井孝（1987）178頁 1868年データ： 『横浜市史・資料編2・統計編』		

を行っている。沿岸交易に関する記録類や一八六〇年代の貿易の記録は、写本の形で残されてはいるが、数が少なく、原本と食い違っている場合も多いと述べており、石井孝（一九八七）のように貿易収支を提示するまでには至っていない。ただし、一八六三年の横浜貿易データについてのみ、*British Parliamentary Papers* に報告された領事レポートに基づき

輸出 5,134,184メキシコ・ドル　　輸入 1,595,170メキシコ・ドル

とし、さらに、領事レポートの「付則」も考慮に入れると、

輸出 10,554,022メキシコ・ドル　　輸入 3,244,589メキシコ・ドル

に修正されるべきものとしている。この修正後の貿易収支は、七三〇万九四三三メキシコ・ドルであり、石井推計よりも、一三〇万ドルも大きくなっている。

藤野（一九九四）では、『横浜市史 第二巻』に採録された貿易データが利用されているが、上で見たように、『横浜市史 第二巻』やその根拠となった石井孝（一九四四）の一八六五年までのデータは、過少推計の可能性が高く、増加修正を行う必要性があるであろう。このため、第7章では、『横浜市史 第二巻』や石井孝（一九八七）の貿易データのキャリブレーションを行い、金貨流出額を推計する。

(3) 貿易収支以外の国際収支項目

藤野（一九九四）の貿易収支以外の国際収支の項目を「現行」の国際収支表（二〇一四年一月、ＩＭＦ国際収支マニュアル ver.6に準拠）に従って整理すると、貿易収支以外の「経常収支の項目」として「サービス収支（旅行収支）」「第一次所得収支（その他投資収益（借入利息の支払））」「第二次所得収支（賠償金支払）」の三項目が、また、

「金融収支の項目」として「その他投資」が検討項目となっている。さらに、藤野（一九九四）では、国際収支に関連する項目として、幕府の「関税収入」を取り上げ、別項目の「政府収支」として考察している。以下では、これらを順に検討する。

［1］「サービス収支（旅行収支）」は、在日外国人の一八五九～一八六八年の滞在支出額を推計したものである。本書では、この在日外国人の滞在支出額を「居留地経済」の「消費支出」として区分し、次章で取り上げる。データ等については、基本的には藤野推計（洋銀受取額約一二五万ドル）を踏襲する。

他方、日本人の出国（幕末の欧米への留学生や派遣使節）に関わる海外滞在費用についても、藤野（一九九四）の「出国者数を三七〇人、一人当たり一七〇〇ドルの支出」の仮定に従う（四一頁）。犬塚（一九八七）が整理した「明治維新海外留学生人名一覧」（三一一―三四一頁）からカウントすると、文久二（一八六二）年～明治元（一八六八）年の留学生の総数は、一五一名である。藤野（一九九四）の「出国者数を三七〇人」は、この一五一名のほかに、数回にわたる幕府使節団の人数や徳川昭武（徳川慶喜の弟）の慶応三年のフランス留学にともなう随員・家来等二八名を算入した人数と思われるが[3]、本書でもこれを踏襲する。

文久二（一八六二）年に幕府がオランダに派遣した留学生は一五名であったが、御用金（留学費用）として、二万六〇〇〇ドル（メキシコ・ドル）を持参し、文久三（一八六三）年の長州藩のイギリス留学生は五名であったが、五二〇〇両を持参している（渡辺（一九七七）六〇頁及び一一二頁）。さらに、慶応二（一八六六）年の幕府派遣のイギリス留学生一四名の一人当たりの年間留学費は、一〇〇〇両であった（同書、一七七頁）。これらを一人当たりで見ると、幕府オランダ留学生で一七三三ドル、長州藩イギリス留学生で一〇四〇両（一ドル＝〇・六両換算で一七三三ドル）、幕府イギリス留学生で一〇〇〇両（同じ換算率で一六六六ドル）であった（藤野（一九九四）四一頁）。ただし、長州藩イギリス留学生の一〇四〇両は、表3―1の一八六三年の横浜洋銀相場（一ドル＝三五・四八匁）、すなわち、一ドル＝〇・五九両換算では、一七六三ドルとなり、幕府イギリス留学生の一〇〇〇両は、一八六六年の横浜洋銀相場（一ドル＝四三・〇四匁）、すなわち、一ドル＝〇・七二両換算では、一三八九ドルである。

高橋（二〇一八）で論考したように、勝小鹿・富田鐵之助・高木三郎の三名は、経済的には恵まれた留学生活を送っていたが、この三名よりも先にニュージャージー州ニューブランズウィックのチャーチ・ストリートに住まいしていた横井左平太・大平兄弟や日下部太郎、さらに薩摩藩第一次留学生として渡英後にアメリカに渡り、幾多の苦難の末に、同じチャーチ・ストリートに住まいしていた畠山義成・吉田清成・松村淳蔵は、経済的に極めて厳しい留学生活を送っていたのである。彼らも、先の一五一名にカウントされている。また、通弁修行（富田鐵之助の従者）という名目で仙台藩から派遣された高橋是清・鈴木知雄も、この一五一名にカウントされている。高橋是清は誤って奴隷に売られるが、アメリカ滞在の期間は半年程度であった。

こうした個別の留学事情はともかくとして、留学期間の長短を問わず、また、留学生か使節団員かの身分を問わず、藤野（一九九四）の「出国者数を三七〇人、一人当たり一七〇〇ドルの支出」の仮定に従って、

1人当たり1,700ドル × 370名 ＝ 62万9,000ドル

を幕末の出国者の洋銀持出し額とする。なお、現行の国際収支表では、海舟による小鹿・富田・高木の三名に対するアメリカへの送金は、「第二次所得収支」に計上される。厳密性にはやや欠けるが、ここでは「サービス収支（旅行収支の支払）」に計上することにしよう。

［2］　次に、「第一次所得収支（その他投資収益（借入利息の支払））」と表裏一体の「金融収支の直接投資」を、あわせて検討する。

藤野（一九九四）は、①横須賀・横浜の二つの製鉄所（海軍造船所・海軍工廠）が建設されたが、その建設費のうち、五〇万ドルが幕府による対外借款であるとし、さらに、②明治政府が、旧藩の外国からの借り入れ分四〇〇万円余（六二一万四〇〇〇ドル相当）を肩代わりしたとして、藤野（一九九四）の「第5表」の「資本収支項目（受

取)」には、「六七一万四〇〇〇ドル」を記載するに至っている(四五―四七頁)。

さらに、上の旧藩の外国からの借り入れ六二一万四〇〇〇ドルは、各藩の兵器・艦船輸入額四七六万六四一五ドルに対応するものと想定し、各藩の対外債務平均残高を計算する。これに年一〇%の利子支払いを仮定すると、一四四万九九三三ドルとなる(藤野(一九九四)四六頁)。これが、藤野(一九九四)の「第５表」の「投資収益(支払)」の数字である。

大山(一九六九)によれば、二つの製鉄所建設の四年継続の予算は二四〇万ドルであったが、慶応四年三月までに、一五〇万ドルの支払いを完了したものの、幕府財政逼迫のために最後まで五〇万ドルの資金の手当てがつかず、二つの製鉄所を抵当に入れて支払い、その後に、明治政府がイギリスのオリエンタル銀行から五〇万ドルを借り入れ、二つの製鉄所を請出し、これらの製鉄所に収蔵されていた兵器・軍需品を手に入れたものとされている(七七―七八頁)。ところが、山口和雄(一九四三)に従えば、幕府はフランスに多額の武器類を発注したものの、財政逼迫のためにその支払いができず、二つの製鉄所をソシエテジェネラルとフランス郵船会社の抵当に入れて五〇万ドルを借り、慶応四(一八六八)年三月に支払ったものである(一四四―一四八頁)。そして同時期に江戸・横浜に出張中の新政府の大隈重信がこれを知り、イギリス公使パークスの紹介によってイギリスのオリエンタル銀行横浜支店から五〇万ドルを借り、二つの製鉄所の抵当権を解除するとともに、幕府購入の武器類も手に入れたのであった。ただし、この抵当権解除によって、借入利率は、年一〇%から一五%に上がっている。

大山(一九六九)のコンテクストで考えると、抵当に入った二つの製鉄所の五〇万ドルは、主として海外からの建設資材の購入に使われたと想定されることになる。とすれば、この五〇万ドルの洋銀は、直接に日本国内に持ち込まれるのではなく、すでに海外(主としてフランス)で支出されていたものである。したがって、国際収支表の表記法では、製鉄所建設資材の輸入額が、貿易収支の「輸入」欄に記載されたときに限って、輸入額を相殺するために「資本収支(受取)」に記載されることになる(現行の国際収支表では「金融収支(その他投資)」に記載されることになる)。山口和雄(一九四三)のコンテクストで考えても、同様である。「武器類」が貿易収支の「輸入」欄に記載されていれば、これを相殺する項目欄にこれを記載する必要性が出てくる。(4)しかしながら、本章の表5―3幕末貿易収支は、石井孝(一九四四)が長年の研究成果に基づいて整理(その後に二回のマイナー修正)したものであるが、その注意点として「武器・軍需品の類で、上の貿易額に算入されてゐないものが多いことである。……この武器・軍需品の購入は元治・慶応以降急激に増大したと思はれ、幕府でも横須賀・横濱兩製鐵所用資材の購入を始めとしてその額は相當に上ったであらう」(五六頁)とあるように、幕末貿易収支の「輸入データ」には、軍艦購入額は計上されているものの、武器・軍需品や二つの製鉄所用の資材購入額は計上されていないのである。したがって、このために五〇万ドルを借り入れたとしても、これを相殺項目に計上する必要はない。

藤野(一九九四)の二番目の指摘である「明治政府が肩代わりした旧藩の外国からの借り入れ四〇〇万円余」は、『明治財政史』に依拠したものであった。しかしながら、山口和雄(一九四三)が原資料の「舊藩外國逋債處分錄」に照らして、『明治財政史』の一つひとつを検討してみると、「大部分は明治元年以降の借財であった、幕末のものは僅か三件にすぎない」(一三八頁)のであった。広島藩の軍艦購入未済額三万六〇〇〇ドル、加知山藩の漁船カイカン丸雇料八九六二ドル、福岡藩の留学生費未済額一九一〇ドルの計四万六八七二ドルであった。加知山藩と福岡藩の未済額は、やや長期になった消費貸借に過ぎず、その性質も洋銀の国内への流入にも該当しない。幕末貿易データの輸入額との関連で、(実際の支払額を求めるために)「資本収支(受取)」として計上しなければならない数字は、「広島藩の軍艦購入未済額三万六〇〇〇ドル」のみである。

したがって、国内に流入した洋銀量を捉える視点からすれば(実際の輸入代金の支払額を求める視点からは)、「資本収支(受取)三万六〇〇〇ドル」(あるいは「金融収支(その他投資)三万六〇〇〇ドル」)となる。

広島藩では、四隻の船舶(イギリスから三隻、オランダから一隻)を購入しているが、購入価格は三隻で一九万九〇〇〇ドル(一隻の購入価格は不明)であった(山口和雄(一九四三)一〇〇頁及び一一一頁)。対外債務の平均残高も不明であるが、平均残高として未済額の二倍を想定し、年一〇%の利払いを想定すると、「七二〇〇ドルの利払い」となる。なお、製鉄所関連の借り入れ五〇万ドルについては、慶応四（一八六八）年三月の借り入れであることから、この年には借入利息の支払いがなかったものと想定し、藤野（一九九四）と同様に、この利払いを計上しないこととする。

[3]　最後に、「第二次所得収支（賠償金支払）」と国際収支関連項目の「関税収入」について検討する。

幕末には、第一次東禅寺事件（文久元（一八六一）年）、第二次東禅寺事件（文久二（一八六二）年）、生麦事件（文久二（一八六二）年）、下関戦争（元治一（一八六四）年）が起こり、幕府や薩摩藩は、賠償金を支払っている。

幕府は、文久三（一八六三）年に、イギリスに対して東禅寺事件の賠償金一万ポンドと生麦事件の一〇万ポンドを支払い、薩摩藩も、同年に生麦事件の賠償金二万五〇〇〇ポンドを支払っているのである（藤野（一九九四）四二頁）。

一八六三年のロンドン市場（対横浜相場）のメキシコ・ドル／ポンド相場は、「一〇〇ポンド＝四〇〇・三七メキシコ・ドル」であったから（表3—1を参照）、幕府と薩摩藩がイギリスに支払った東禅寺事件と生麦事件の一三万五〇〇〇ポンドの賠償金は、ほぼ五四万ドルになる。実際、幕府は、文久三年五月八日（一八六三年六月二三日）に一一万ポンドを洋銀で支払っている。すなわち、「一一万ポンドは、運上所に洋銀（メキシコ・ドル）で準備されていたので、その日朝七時、四四万個の銀貨は手車の行列でイギリス公使館に搬入された」（洞（一九七七）四一頁）のであった。薩摩藩も、同年一一月一日（一二月一一日）に洋銀一〇万ドル（二万五〇〇〇ポンド）を支払っている（同書、五九頁）。

また、下関戦争に関しては、幕府は英仏米蘭の四か国に対して三〇〇万ドルの賠償金を支払う約束をし、まず慶応元年七月一二日（一八六五年九月一日）に五〇万ドルを支払い、その後二回に分けて一〇〇万ドルを支払っている。「残額一五〇万ドルは明治政府が明治七（一八七四）年中に支払を完了した」（同書、一〇五頁）のである。(5)

藤野（一九九四）は、幕府と薩摩藩が幕末までに支払った賠償金二〇四万ドル（両換算一三一万両）が、「万延二分判金」と「一分銀」とによって支払われたとする単純化の仮定を置き、二つの貨幣の量目と品位からこの一三一万両の「金数量」と「銀数量」を計算し、金二四万二八四三匁、銀六一九万九八〇匁の流出があったとしている（四三頁）。

しかしながら、本章では、下関戦争の一五〇万ドル（両換算九八・一万両）の支払いについては、藤野（一九九四）の単純化された仮定を採用するが、東禅寺事件・生麦事件の五四万ドルは、上で述べたように、すべて洋銀支払いであることは明らかである。そこで、下関戦争の一五〇万ドル（両換算九八・一万両）の半分が「万延二分判金」で、残りの半分が「一分銀」で支払われたと仮定し、重量換算すると、

万延二分判金（金数量）0.8匁 × 2枚 × 0.2282 × 490,500両 ＝ 179,091匁
（銀数量）0.8匁 × 2枚 × 0.768 × 490,500両 ＝ 602,726匁
一分銀（金数量）2.3匁 × 4枚 × 0.0006 × 490,500両 ＝ 2,708匁
（銀数量）2.3匁 × 4枚 × 0.8935 × 490,500両 ＝ 4,032,008匁

となる。また、東禅寺事件・生麦事件については、

洋銀54万ドル（銀数量）6.16匁 × 540,000ドル ＝ 3,326,400匁

となる。したがって、幕末までに実際の支払った賠償金二〇四万ドルは、匁換算で金一八万一七九九匁、銀七九六万一一三四匁となる。

次に、関税収入について検討する。アメリカをはじめとする五か国との修好通商条約の「貿易章程」には、輸出と輸入の両方に対して、（基本的には）従価五％の関税を課すことが規定されていた。(6) 藤野（一九九四）では、『日

本初期新聞全集』の横浜と長崎の関税収入のデータに基づいて、メキシコ・ドル換算を行っている。別に推計した箱館の関税収入と合わせると、国際収支関連項目の「関税収入」は、四四二万八八八〇ドル（匁換算で二七二八万一九〇一匁）となる（四三―四五頁）。本章でも、これに特段の異論はないので、この推計を踏襲する。

⑷　国内銀産量

藤野アプローチにおいて最後に考慮しなければならない事項は、国内銀産量である。これは、前節で説明したように、「金貨購入を目的とした洋銀の流入額」を計算する際の「一八六九年の銀数量」からの控除項目になる。大口（一九八一）は、一八六三（文久三）年の幕府勘定帳に基づいて、これを「第１表　金銀方収支合計」として整理しているが（三三頁）、藤野（一九九四）は、この第１表に記載された「灰吹銀受入量三三四貫」に基づいて、一八六〇～一八六八年の銀生産量を三〇〇〇貫（三〇〇万匁）と推定している（四七頁）。

しかしながら、この文久三年に最も多くの銀を産出した銀山は、秋田・院内銀山であり、院内のみで、灰吹銀三一一貫余を産出しているのである。荻（一九九六）のデータに基づいて、[7]一八五八（安政五）～一八六八（明治元）年の院内銀山の灰吹銀量を集計すると、五〇〇〇貫余（五〇一万七八四七匁）となる（四〇六頁）。

また、一八六六（慶応二）年までの佐渡金銀山の灰吹銀データは、『勝海舟全集５　吹塵録Ⅲ』の三五八―四二四頁や竹越（一九三五）の二二一―二二三頁に採録されている。データが欠如している一八六七・一八六八年の灰吹銀量を一八六六年と同量の八六貫余と推定すると、一八五八（安政五）～一八六八（明治元）年の佐渡金銀山の灰吹銀量は、一五〇〇貫余（一五〇万七一八匁）となる。

さらに、小葉田（一九六八）には、生野銀山の灰吹銀上納高データが採録されている（二三〇頁及び二八〇―二八一頁）。安政六年・万延元年・元治元年のデータは欠如しているが、これらを除く一八五七（安政四）～一八六六（慶応二）年までの七年間の生野銀山の灰吹銀上納高を合計すると、六五六貫になる。したがって、この期間の年平均上納高は、九三・七貫となることから、これをベースにすると、一八五八（安政五）〜一八六八（明治元）年では一〇〇〇貫余（一〇三万八五七匁）と推計される。なお、生野銀山の産銀量は、年々の変動が激しいが、文久三年には、三・八・一二月の三回に分けて、灰吹銀一一四貫が上納されている。

最後に、石見銀山の灰吹銀量は、一七世紀後半から激減しているが、幕末期でも年二〇〜三〇貫の灰吹銀を納めている。一八六五年以降の灰吹銀データが欠如しているので一八六四年と同量の二三貫として、一八五八〜一八六八年の灰吹銀を推計すると、二九一貫余（二九万一四八六匁）となる。

したがって、一八五八（安政五）〜一八六八（明治元）年の院内・佐渡・生野・石見の四金銀山の灰吹銀量は、合計で七八四〇貫余（七八四万九〇八匁）となる。このほかに半田銀山等でもいくぶんか銀を産出したと思われるので[8]、この点を考慮し、この期の灰吹銀量を七九〇〇貫余（七九〇万匁）と推定する。

飯島（二〇〇四）には、文久元（一八六一）年の幕府勘定帳（「文久元酉年米納払御勘定帳」「文久元酉年金銀納払御勘定帳」）が採録されている（四九八—五一四頁）。これに記載された「灰吹銀」の納入状況を見ると、「御代官所・御預所の分」の「（前年の）中年貢金銀」として「灰吹銀三一三貫二六〇目余（およそ銀九三九貫七八〇目余）」、「佐州出吹金・灰吹銀」として「灰吹銀一三七貫八五〇目余（およそ銀四一三貫五五〇目余）」、「佐竹右京大夫納」として「灰吹銀一貫四〇〇目（およそ銀四貫二〇〇目）」となっている（五〇一—五〇二頁）。

佐渡金銀山（佐州）の灰吹銀データによれば、文久元年の灰吹銀は一三七貫八五一匁であり、この幕府勘定帳の数値と一致している。院内銀山は、秋田藩が幕府の許可を得て慶長一一年に開発した鉱山であり（小葉田（一九六八）五九〇—五九一頁）、宝永以後は幕末まで一貫四〇〇目の定高運上を行っていた（同書、五九四頁）。これが、幕府勘定帳に記載された「（秋田藩主の）佐竹右京大夫納」の「灰吹銀一貫四〇〇目」である。生野・石見銀山は、徳川幕府直轄領であり、代官所が置かれている。生野が前年（万延元年）分として納入した灰吹銀は、データ欠如のため不明であるが、安政四年と同量とすれば二一四貫、文久三年と同量とすれば一一四貫である（小葉田（一九六八）二三〇頁）。石見は、三〇貫程度であると見られる。このように、「御代官所・御預所の分」と生野・石見銀山の灰吹銀の間にいくぶん差異が見られる。

さて、院内銀山は、当時の日本最大の銀山であり、万延元年七八四貫、文久元年五四一貫、同二年七〇〇貫の灰吹銀を出していたが、幕府へは、一貫四〇〇目の定高運上のみであった。秋田藩では、天保一一年一二月以降は、灰吹銀を江戸・銀座へ「双替」によって納入していたのである（小葉田（一九六八）五九七―五九八頁）。「二十六双」、すなわち、上銀（灰吹銀）一貫につき丁銀（保字銀）二貫六〇〇目での売却であった。天保四～一四年のように、銀を千貫目以上納入したときには、一貫につき二五〇目の手当銀も支給されていたのである。当然のことながら、上銀（灰吹銀）一貫は、重さの一貫目であり、丁銀（保字銀）二貫六〇〇目は、貨幣単位の二貫六〇〇目（両換算四三両一分）である。なお、第2章第1節の冒頭で、日米和親条約発効後に日米の実務者間でいったん「一ドルラル＝日本銀一六匁（一ドル＝一分銀ほぼ一枚）」で合意が成立したことを述べたが、この日本側の理論的根拠は、幕府（銀座）が銀地金《ぎんじがね》を買い上げる価格が双替相場の「二十六双」であったことによる（詳細は、三上（一九八九）九二頁及び第Ⅱ部を参照のこと）。

このように幕府勘定帳の灰吹銀納入状況と各銀山の灰吹銀データを比較して見ると、最大の差異は、院内銀山の「双替分」ということになろう。

ところで、藤野（一九九四）が依拠した大口（一九八一）は、この文久三年の幕府勘定帳に基づき、「第31表 文久三年貨幣改鋳収支」を作成し、貨幣改鋳益を検討し、この表が成立するためには「金銀座に別途の貨幣原料の流入を想定しなければならず、……「洋銀引替金」の費目で支出されている金二〇一万両が、洋銀の形で金銀座へ改鋳原料として預けられたと考えれば、貨幣改鋳益金の根拠を説明することは可能であろう」（五七頁）と述べている。また、飯島（二〇〇四）も、大口（一九八一）の手法を踏襲し、翌年の元治元年の幕府勘定帳に基づき「表28 貨幣改鋳収支状況」を作成し、同様の結論を得ている（一四一―一四三頁）。

大口（一九八一）や飯島（二〇〇四）においては、院内銀山のように、改鋳原料として灰吹銀を江戸・銀座に直接売却するケースは、まったく想定されていないが、大口や飯島が作成した「貨幣改鋳収支」を一見する限りでは、院内銀山の灰吹銀を考慮に入れても、改鋳原料として大量の洋銀がなければ、貨幣改鋳益金の根拠を説明することはできないのである。

ここで本論に戻り、一八五八（安政五）～一八六八（明治元）年の灰吹銀量は、院内・佐渡・生野・石見の四金銀山の灰吹銀量をベースにして、七九〇〇貫（七九〇万匁）と推定することにしよう。藤野（一九九四）の推定三〇〇〇貫のほぼ二・六倍である。

（1）この節の藤野推計の説明の方法は、藤野（一九九四）とはいくぶん異なっている。そのためか、藤野（一九九四）の「洋銀流入量」は、一億三七四七万八六五三匁となっている（四九頁及び「第7表」（五三頁））。

（2）一八六九（明治二）年の（退蔵された金銀貨も含む）貨幣流通量一億三一八一万三四七一両は、藤野（一九九四）の五三頁と同じ値であるが、山口和雄（一九六三）は、なぜか一億三〇七二万四一六一両としている。また、一八五八（安政五）年の（退蔵された金銀貨も含む）貨幣流通量五二七四万九六五五両は、山口和雄（一九六三）と藤野（一九九四）ともに、五二七四万九七三八両としている。これは、秤量銀貨在高を「両」へ換算する際の換算率が微妙に異なっていることによる。

（3）石附（一九九二）の巻末の「幕末の海外留学者」をカウントすると、慶応三年までで一五二名になる。また、徳川昭武のフランス留学の随員・家来等の人数は、渡辺（一九七七）一八一―一八二頁による。元綱（二〇〇四）は、幕府使節団の目的・派遣期間・訪問国や海外留学生グループの目的・留学先・人数等を整理し表形式で示している（一五四―一五五頁）。

（4）幕末の武具（小銃）の輸入数量・輸入額のデータは、第Ⅰ部第1章註2を参照のこと。

（５）本書の姉妹編で紹介したように、海舟は、明治二年一月五日と一〇日に、外国官に出向き下関戦争の賠償金の件等について説明している。海舟日記の一月一〇日条では、

「外国局〈外国官〉より速刻〈即刻〉可罷出旨申来る、町田五位江引合、下之関之償金一件幷火灯之事一話」

となっているのである。

（６）具体的にいえば、輸出の場合は、日本人「売り込み商」が「外国人商人」に物品を売り込むと、その代金は洋銀で支払われ、売り込み商は、この五％を運上所（税関）に納入し、輸入の場合は、輸入元の外国商会が運上所に関税を納入した後に、日本人「荷請け商」に販売していたのである（山口和雄（一九四三）八―六八頁及び七四頁）。

（７）文政二年～弘化三年の院内銀山・灰吹銀データは、小葉田（一九六八）に所収されている。荻（一九九六）は、この文政一一年に関するデータ補正を行うとともに、弘化四年以降の灰吹銀データを整備している（四〇六頁）。

（８）半田銀山については、幕府勘定帳にも記載が見られる（大口（一九八一）三五頁及び飯島（二〇〇四）九八頁を参照のこと）。幕末には産銀量が次第に減少し、慶応二年には幕府の直轄経営から地元の早田家の経営に替わるが、それでも、明治元（一八六八）年九月には、（経営が替わった後の累計で）筋金三貫余、灰吹銀三九貫余、山吹銀一〇三貫余、花降銀一貫余が産出したことが早田家から報告されている（『桑折町史９』四九三―四九四頁及び九一三頁）。なお、半田銀山の詳細は、『桑折町史２』及び『桑折町史９』を参照のこと（特に、『桑折町史９』は、全篇が半田銀山に関する資料集である）。

第6章　居留地経済の推計

安政六（一八五九）年、日米修好通商条約をはじめとする安政五か国条約が発効し、神奈川、長崎、箱館が開港し（下田は神奈川開港にともない半年後に閉鎖）、通商が始まる。外国人は、開港場の一定地域に限定して居住が認められ、貿易が始まったのである。

この居留地では、それぞれの故国と変わらぬ生活が営まれていた。また、開港から数年後には、横浜にイギリス軍やフランス軍も駐屯するようになる。本章では、居留地から日本側に支払われたメキシコ・ドル（洋銀）の総額を推計する。藤野（一九九四）の手法に従って金貨流出額を推計しようとすれば、居留地からの支払額は、藤野の推計額から控除されるべき重要な項目になるからである。

本章では、これに含まれるものとして、居留地の消費支出、借地料・家屋税（建物賃借料）、建物建築費用、外国軍横浜駐屯費用、外国軍艦補給費用、商船補給費用、定期航路就船補給費用、建設・設備投資費用を取り上げ検討する。

1　消費支出

消費支出については、藤野（一九九四）では、「サービス収支（旅行収支）」として取り上げられている。在日外国人の一八五九～一八六八年の滞在支出額（消費支出）は、洋銀約一二五万ドルと推計されている（四一頁）。

藤野推計では、まず、当時の限られた外国人数のデータを利用して、この期間の在日外国人数を「非中国系」と「中国系」とに分け、非中国系の累計人数を四〇三〇人、中国系のそれを六〇四五人と仮定する。次に、一八六九～一八七三年のアメリカの国民所得統計から、非中国系の一人当たり年間消費支出額を二七〇ドルと仮定し、中国系のそれを一〇分の一の二七ドルと仮定する。これらの仮定に基づき、一人当たり消費支出と累積人数の積の合計として、一二五万一三一五ドルを算出しているのである（藤野推計の算定基礎数となっている「長崎における在日外国人数」（四〇頁）は、菱谷（一九八八）の「長崎投入外国人異動表」（九一頁及び六八六頁）とは微差があるが、推計には大きな影響はない）。なお、藤野推計では中国系の消費支出額を非中国系の一〇分の一と仮定した根拠は示されてはいない。明治二年から三年にかけてのデータではあるが、横浜在住中国人約一〇〇〇名（女子を含まない）のうち、買弁・商人が三％、家僕・職人が約六％であり、残りの約九〇％は半失業的日雇労働者であった（『横浜市史 第三巻下』八六二頁）。幕末も、この比率であったとすれば、先の「一〇分の一」の仮定の一応の根拠になるであろう。

この推計には、一八五九～一八六八年の国民所得データではなく、一八六九～一八七三年のデータを利用していること、また、アメリカ・ドル（「紙」ドルと「金」ドル）からメキシコ・ドルへの為替レート換算を捨象していること（換算レートについては、本書第Ⅱ部を参照のこと）の問題点を含んでいる。また、居留地の外国人は日本で生産された財を消費することが、藤野推計の前提となっているが、居留地の外国人は、それぞれの生活水準を維持するために、故国から購入した財（輸入した財）を消費することもよくあることなのである。

前章第2節で取り上げた貿易の輸入額には、居留地の外国人の輸入額は算入されていないので、輸入額を調整する必要はないが、ここで留保しておかなければならない事項は、居留地の外国人の消費支出約一二五万ドルのうち、どれだけが輸入品に支出され、どれだけが日本国内から調達されるかの割合である。

本書では、居留地のアメリカ人の所得は、アメリカ国内に居住するアメリカ人（藤野推計で想定されている平均的なアメリカ人）よりも大きく、したがって、消費も大きいものと想定する。もしそうでなければ、海外（日本）に居住する経済的なインセンティブがないからである。

居留地の外国人所得の具体的な多寡や消費に占める日本国内品の購入割合も不明であるが、本書では総合的な判断から、居留地の外国人が生活を営むために日本製品に対して支出した額は、藤野推計と同額の「一二五万一三一五ドル（メキシコ・ドル）」と仮定することにする。

2　居留地借地料・家屋税

居留地借地料等は、横浜と長崎では異なっていたし、居留地の貸与面積も、順次、拡大していったことから、横浜と長崎に分け、それぞれについて推計する。

(1)　横浜居留地

開港直後には、神奈川に、各国の領事館（アメリカ領事館・青木町本覚寺、イギリス領事館・青木町浄瀧寺、オランダ領事館・神奈川本宿成仏寺）が置かれ、その賃料は、それぞれ一か月一五両の契約であった（『横浜市史 第二巻』二六七頁）。

各国と締結した修好通商条約では、神奈川開港が定められていたので、領事らは神奈川開港を要求したが、外国商人は、開港直後から、利便性が高い、幕府が指定した横浜居留地に移住した（同書、二七〇―二七一頁）。イギリスのジャーディン・マセソン商会（一番区画）、デント商会（四・五番区画）、アメリカのウォルシュ・ホール商会（二番区画）は、早くも居留地に商館を設置したのであった。

万延元（一八六〇）年三月には、横浜居留地が正式に外国側によって承認され（同書、二七七頁）、居留地の区画の貸借の契約も進む。地代も、文久元（一八六一）年九月には、一律に坪当たり（一か月）銀一・〇八七五匁と決まる（同書、七六四頁）。当時の公定レート「一〇〇ドル＝一分銀三一一枚」で換算すると、「一年一〇〇坪＝二七・九七四二八ドル」である。

文久二（一八六二）年には、「山下（関内）」地区において、本来の居留地（一番〜一一〇番、以下では原居留地（Original Settlement）と呼ぶ）の貸借が確定している（『横浜市史 第三巻下』七九六頁）。居留地が不足する事態になり、水田を埋め立て土地造成が行われた。これが、一一一〜一七三番の古い埋立居留地である（以下では、旧埋立居留地（Old Swamp Settlement）と呼ぶ）。文久二年の段階では、旧埋立居留地は、ほとんどがいまだ貸借契約には至っていなかったが、外国人側からは、居住環境に優れた「山手」地区への移転を求める要望が出て、幕府も、山手地区において二万五〇〇〇坪の貸与に着手している（『横浜市史 第二巻』七七六―七七八頁）。地代は、「一年一〇〇坪＝一二ドル」であった。

その後、横浜居留地は、順次、拡大する。居留地の最終的な状況は、『神奈川県史料 第七巻』の「外国人貸地取調概表」に見ることができる。これは、明治七年一二月に神奈川県令中島信行から内閣卿大久保利通宛の伺い書に添付された表である（二一―五八頁）。表6―1は、この表を本章の目的に則して整理し直したものである。

表6―1の借地料は、明治七（一八七四）年の実数であるが、この一〇倍を一八五九〜一八六八年の横浜居留地借地料として推計することはできない。この間、坪当たりの借地料に大きな変更はないが、借地面積が、順次、拡大したためである。

表6－1　横浜居留地・借地料等（明治7年）

単位：坪またはドル

	敷地面積	借地料	家屋税	諸税	計	備考
山下（関内）						
地番1～110番	63,419.00	17,741.04	0.00	0.00	17,741.04	原居留地（17番を除く）
地番111～173番	31,267.65	8,746.94	655.17	0.00	9,402.11	旧埋立居留地
地番174～238番ほか	18,830.00	4,884.72	9,196.97	0.00	14,081.69	新埋立居留地
山下　計	113,516.65	31,372.70	9,852.14	0.00	41,224.84	
山手						
住宅用地	135,088.50	16,210.62	0.00	0.00	16,210.62	
各国学校・病院等用地	6,429.00	751.50	0.00	0.00	751.50	
疱瘡病院・英仏軍屯所・墓所等用地	33,467.00	0.00	0.00	0.00	0.00	借地料なし
英仏蘭海軍貸与地	11,941.00	1,974.77	1,304.03	0.00	3,278.80	
英公使館地所・米郵便地所・石炭置場等用地	11,953.55	1,748.16	4,090.72	0.00	5,838.88	
競馬場・公園等用地	22,973.00	1,728.58	0.00	0.00	1,728.58	
屠牛場等用地	5,932.80	1,446.72	1,387.08	958.00	3,791.80	諸税はすべてここに区分した
山手　計	227,784.85	23,860.35	6,781.83	958.00	31,600.18	
横浜　合計	341,301.50	55,233.05	16,633.97	958.00	72,825.02	
資料出所	『神奈川県史料第 7 巻』の「外国人貸地取調概表」21-58頁					

一八五九〜一八六八年の年別の借地料の推計に入る前に、表6—1についてコメントする。「外国人貸地取調概表」では、「山下（関内）」の地代は、「北仲通六町（ママ）目」のオランダ長官住居とドイツ領事館の「一年一〇〇坪＝一六ドル七八セント四五六八」を除き、イギリス領事館等も含めて、すべて一律に「一年一〇〇坪＝二七ドル九七セント四二八」である。先の万延元年に決められた地代と同額であった。「山手」の地代は、基本的に、先の文久二年の地代と同額の「一年一〇〇坪＝一二ドル」である。例外として、各国の疱瘡病院・外国人墓地・イギリスのライフル銃試発場・「イギリス軍とフランス軍の利用地の一部」は無料、公園は六ドル、競馬場は八ドル、各国の病院・清国墓地は一〇ドル、屠牛場や早い時期に契約した英仏軍の利用地等は、「山下（関内）」と同額の二七・九七四二八ドルであった[1]。また、表6—1の「家屋税（建物賃借料）」は、日本側が建物を建築し、その費用の一〇分の一を賃料としていたものである。「山下（関内）」の「海岸通五町（ママ）目」のフランス公使館と領事館は、合わせて六〇〇〇ドル余の賃料であり、「山手」のイギリス公使館は、四〇〇〇ドル

余であった。

なお、「外国人貸地取調概表」では、この一〇〇坪当たりの借地料にそれぞれの借地面積を乗じて個別の借地料を計算しているが、四八〇か所に及ぶ計算のうち、軽微な計算ミスはわずか三か所のみであった[2]。

さて、一八五九～一八六八年の横浜居留地借地料・建物賃借料の推計は、横浜居留地の歴史も踏まえて、

A　安政六（一八五九）年～文久二（一八六二）年

B　文久三（一八六三）年～慶応二（一八六六）年

C　慶応三（一八六七）年～明治元（一八六八）年

の三つの時期に分けて行う。

A　安政六（一八五九）年～文久二（一八六二）年

借地料に関するデータは少ないので、「原居留地」の貸借契約が完了する文久二年までについて、暦年別に仮定を置き推計する。

安政六（一八五九）年

イギリス、アメリカ、オランダの三か国の領事館の建物賃借料は、それぞれ一か月一五両であった。神奈川開港は、七月四日（和暦六月五日）であったので、半年分（計二七〇両）を計上する。すなわち、一ドル＝三分（＝〇・七五両）換算として、三六〇ドルを計上する。

万延元（一八六〇）年

フランス公使ベルクールが、フランス人居留者全員分の借地料およそ二六〇〇ドル（一八六〇年八月一日（万延元年六月一五日）～一八六二年一月三〇日（文久二年一月一日）の一八か月分）を一八六二年三月二七日（文久二年二月二七日）に支払い、また、個人でもケスウィックが、万延元年二月分からの二四か月分を一八六二年一月二九日（文

久元年一二月三〇日）に支払っている（『横浜市史 第二巻』七三六頁、七六六頁）。原居留地（一～一一〇番）の造成も終わり、このように一八六〇年からは貸借も始まり、（遅れてではあるが）借地料も支払われたのである。一八六〇年にすべての土地の借地契約が完了したわけではないので半数と仮定し、表6―1の借地料の半年分を見込む。すなわち、八八七一ドルである。

文久元（一八六一）年

上のフランス公使の借地料の一括払いの内訳を見ると八一番区画まで契約が進捗していたことから、（「空地」の可能性がある一七番区画を除く）八一番区画までの借地料一万三八九四ドルを計上する。

文久二（一八六二）年

旧埋立居留地は造成されたものの、そのほとんど（三万坪）は貸与されずに残っていた。前述のように、この年から山手地区の二万五〇〇〇坪の貸与が始まっている（『横浜市史 第二巻』七七七頁）。しかしながら、まだ有料貸借の土地が少なかったことから、山手については借地料を計上せずに、この年の九月までに貸借契約が完了した原居留地の一一〇番まで（一七番を除く）の全額を計上することにすると一万七七四一ドルとなる。この傍証として、イギリスの神奈川領事ウィンチェスターの報告を紹介する。この報告によれば、一八六二年の借地料は、一万七八〇七・八九ドル（イギリス一万二五五・九〇ドル、アメリカ二八四三・〇八ドル、オランダ二五四九・八一ドル、フランス一七三六・一九ドル、プロシア四二二・九一ドル）である。[3] これにより、神奈川領事報告の一万七八〇七ドル余は、原居留地の借地料にほぼ相応していることが分かる。

この期間の合計　上の借地料合計は四万五〇六ドル、建物賃借料は三六〇ドルになる。

B　文久三（一八六三）年～慶応二（一八六六）年

幕末の日本国内の軍事情勢との兼ね合いで、文久三年からイギリス軍とフランス軍の駐屯が始まっている。神奈川領事報告では、一八六三年は、政治的混乱にもかかわらず、不動産価格が上がった。家賃は二倍になり、居住環境がよい区画（建物なしの区画）の賃貸権は、（外国人間の取引で）約八〇〇〇ドルで売られ、商業目的の所でも三〇〇〇ドルのプレミアムがついたのであった。このためか、山手居留地を希望する外国人が増え、一八六三年一〇月には五三名に及んでいた（『横浜市史 第二巻』七八〇頁）。しかしながら、幕府は、山下（関内）の旧居留地の貸与を優先させたのである。

翌元治元年にはイギリス軍とフランス軍の駐屯が本格化し、次第に有料貸与地・無料貸与地ともに増加し、「山手」は軍事基地の様相を濃くしていく（同書、七八一頁）。一般住宅地を含む山手居留地の居留地としての正式編入の決定は、慶応二年であった（『横浜市史 第三巻下』七七五頁。ただし、齋藤・市川・山下（二〇一一）では、慶応三年としている）。

この状況を踏まえ、次の五つの仮定を置く。①山下の原居留地の借地料は、年一万七七四一ドルと仮定する。②山下の旧埋立居留地は、文久三年から貸与が開始され、慶応二年にすべての貸与が完了したもの（表6—1の八七四七ドル）と仮定する。加えて、文久三～慶応二年の各年で比例的に増加したものと仮定する。③文久二年に貸与された山手居留地の二万五〇〇〇坪のうち、（有料の）貸与地の借地料が、（遅れて）元治元年から支払われたものと仮定する。④この期間に、山手居留地では、一般住宅用地の貸与は、行われないものと仮定する。⑤「家屋税（建物賃借料）」は、慶応元年から徴収したものと仮定する。

これらの仮定から地区別の借地料・家屋税は、次のようになる。

原居留地

四年間の合計借地料は、七万九六四ドルとなる。

旧埋立居留地

各年の借地料は、それぞれ、二一八七ドル、四三七三ドル、六五六〇ドル、八七四七ドルとなるから、四年間の合計は、二万一八六七ドルである。

山手居留地・領事館地所等

文久二年の山手居留地二万五〇〇〇坪には、イギリス領事館地所二一四六坪余、アメリカ領事館地所三〇〇二坪余、フランス領事館地所二七六〇坪余、イギリス海軍物置所一五九八坪（または一六三六坪）、外国人墓地が含まれている（『横浜市史 第二巻』七七七頁）。

外国人墓地を「外国人貸地取調概表」の山手九一〜九六番と想定すると、明治七年の「外国人貸地取調概表」から、その面積は、六三一四坪になる。この外国人墓地の借地料は、「無料」であった。

イギリス海軍物置所は、早い時期の契約、すなわち、一年一〇〇坪＝二七・九七四二八ドルであったことから、借地料は、四四七ドル（一五九八坪換算）になる。

山手居留地二万五〇〇〇坪から、無料の外国人墓地面積六三一四坪と坪当たりの借地料が異なるイギリス海軍物置所面積一五九八坪を控除すると、一万七〇八八坪となる。これには、各国の領事館地所も含まれるが、借地料は、一律に一年一〇〇坪＝一二ドルであったから、全体で年二〇五一ドルになる。

したがって、山手合計では、年二四九八ドルになる。領事館地所とは名ばかりで、その実態はイギリス軍とフランス軍の駐屯用地（当初は空き地）であった。山手が軍事基地の様相を見せるようになった元治元年から借地料の支払いが始まったとすれば、これ以降の三年間の借地料は、七四九四ドルになる。

山手居留地・一般住宅用地

まだ貸与がないので、これに関わる借地料は、「ゼロ」である。

家屋税

イギリス領事館等の建築は、日本側の費用負担であったが、その賃料（家屋税）として、建築費用の一〇分の一を徴収していた。山下地区では、旧埋立居留地一五五番の「イギリス領事出張牢屋（年六五五・一七ドル）」が該当する。正確な建築時期が明らかではないが、慶応元年・二年の二年分の賃料として、一三一〇ドルを計上する。山手地区では、一二〇番の「イギリス公使館（年四〇九〇・七二ドル）」と一八四番の「イギリス軍兵用土蔵（年一三〇四・〇三ドル）」が該当する。これらも正確な建築時期が明らかではないが、同様にして、二年分の賃料一万七九〇〇ドルを計上する。したがって、両地区の「家屋税（建物賃借料）」は、二年分で一万二一〇〇ドルとなる。

この期間の合計

上の借地料合計は一〇万三二五ドル、家屋税合計は一万二一〇〇ドルになる。

C　慶応三（一八六七）年〜明治元（一八六八）年

慶応二年に「横浜居留地改造及び競馬場・墓地等約書（第三回地所規則）」が取り決められ、慶応三年から山手競売規則も定められ、「競貸」による居留地の貸与が始まる。第一回競貸には、約二二万五〇〇〇坪の申し込みがあった（『横浜市史 第三巻下』七七五頁）。表6―1の状況（山手地区の「一般住宅用地」一三万五〇八八坪余）は、数年の数回にわたる競貸を経て、これに至ったと思われる。山手の土地にも住環境・その他の条件に優劣があったが、借地料が一律に「一年一〇〇坪＝一二ドル」であったことから、公平性を維持する措置として、「競貸」が導入されたのであった。

山手地区の「一般住宅用地」以外では、表6―1の「各国学校・病院等用地」の病院地所の一部は、もともとはオランダ海軍物置所であったが、明治になってから病院となったものであり、学校も明治になってからのものである（『横浜市史 第三巻下』七八二―七九五頁）。「競馬場・公園等用地」のうち、公園と清国人墓所も明治に入ってからのものである。競馬場は、慶応二年一二月の造営である。当初は、「一年一〇〇坪＝一〇ドル」の借地料であったが、明治三年から八ドルに減額されている。「屠牛場等用地」の屠牛場は、当初は、山下にあったものを幕府が慶応四年に移設したものである[4]。屠牛場の家屋のひとつは自費造営であるが、残りの五つの屠牛場の家屋は、幕府の造営であり家屋税の対象となっている。

この状況を踏まえ、表6―1をベースとして、次の四つの仮定を置き推計する。①慶応三（一八六六）年から、山手地区の一般住宅地所一三万五〇八八坪余の借地料の全額を計上する。表6―1は明治七年の実数であることから、過大計上の可能性もあるが、これにより「競貸」の納入代金分が是正されるものと仮定する。②山手地区の一般住宅用地以外の地所についても、慶応三年から、「イギリス・フランス・オランダ海軍貸与地」「イギリス公使館地所・アメリカ郵便地所・石炭置場等用地」の借地料の全額を計上する。競馬場（一万五〇〇〇坪）の借地料については、減額前の一〇〇坪当たり一〇ドルとして計上する。病院用地となったオランダ海軍物置所の借地料については、敷地面積が不明であることから計上しない。③屠牛場の借地料・家屋税や諸税（牛税・小舟釣木税等）は、慶応四年に山手へ移設したものなので、この期間の収入としては計上しない。④山下地区の新しい埋立居留地（一七四～二三八番、以下では、新埋立居留地（New Swamp Settlement）と呼ぶ）の造成は、明治になってから始まったとされていることから（横浜開港資料館（編）（一九九八）、三〇頁）、表6―1の「新埋立居留地分」を除外したものを、山下地区の借地料・家屋税（建物賃借料）と仮定する。

これらの仮定では、地区別の借地料・家屋税は、次のようになる。

山手居留地・一般住宅用地

表6―1の一般住宅用地の借地料が一万六二一〇・六二ドルであることから、慶応三年・明治元年の二年間では、三万二四二一ドルとなる。

山手居留地・各種用地・家屋税

表6―1より、イギリス・フランス・オランダ海軍貸与地一九七四・七七ドル、イギリス公使館地所・アメリカ郵便地所・石炭置場等用地一七四八・一六ドルとなる。競馬場の借地料は、上の仮定により、一五〇〇ドルである。したがって、これらの二年分の借地料は、一万四四四六ドルになる。この家屋税は、二年分で一万七九〇ドルとなる。

山手居留地・屠牛場等

仮定により、「ゼロ」とする。

山下居留地

表6—1の「山下」の計から、明治になってから貸与された新埋立居留地分を控除すると、借地料は、二万六四八七・九八ドルとなる。この二年分は、五万二九七六ドルになる。また、家屋税は、二年分で一三一〇ドルとなる。

この期間の合計　上の借地料合計は九万五八四三ドル、家屋税合計は一万二二〇〇ドルになる。

D　安政六（一八五九）年〜明治元（一八六八）年

以上のことから、安政六年〜明治元年までの横浜居留地の借地料は二三万六六七四ドル、家屋税（建物賃借料）は、安政六年の三か国の領事館賃料を含めて、二万四五六〇ドルと推計される。しかしながら、外国人側は、狭小な土地に高額の借地料を支払っていることから、道路・下水道の整備の責任は日本側にあるとし、その代価として地代の二割引を求めていた経緯があった（『横浜市史 第二巻』七六八—七六九頁）。元治元（一八六四）年の「横浜居留地覚書」には、これが明記されるとともに（菱谷（一九八八）五一三頁）、この時期には、地代の二割を拠出し、これを運営基金とする居留地・外国人自治機関も組織されたのである（『横浜市史 第三巻下』八五五頁）。元治元年までは、フランス・プロシア等のように借地料の全額を支払っていた国もあるが、便宜上、横浜居留地から日本側に支払われた借地料は、上記の八割、すなわち、一八万九三三九ドルと仮定する。したがって、家屋税（建物賃借料）二万四五六〇ドルと合わせると、安政六年〜明治元年に横浜居留地から日本側に支払われた総額は、二一万三八九九ドルと推定されることになる。

(2) 長崎居留地

長崎でも、開港直後の安政六年七月（一八五九年八月）から「大浦」地区の居留地造成工事（埋立工事）が始まり、翌万延元年一〇月に竣工する（菱谷（一九八八）四八頁）。文久元（一八六一）年後半には、「下り松」地区の第二次居留地造成工事（埋立工事）が始まり、元治元（一八八四）年には、「梅香崎」地区の第三次居留地造成工事（埋立工事）も始まっている（同書、四八―五〇頁）。この間、旧大村藩領の「山手」地区も長崎居留地に編入され、慶応二年には、旧出島も、新たに波止場を設置して居留地として編入されている。

長崎居留地の地所は、「上等地（海岸の Water frontage lot）」「中等地（海岸背後の Rearage lot）」「下等地（山手の Hill lot）」の三つに区分されるが、借地料は、旧出島の借地料を基準として、上等地には上乗せし、下等地を低く抑えて、決定されたものであった（同書、五五―五六頁）。一年間の一〇〇坪当たりの借地料は、上等地三七ドル、中等地二八ドル、下等地一二ドルであった。実は、下等地の一二ドルは、横浜・山手の地代交渉にも影響を及ぼしていたのである。横浜の一〇〇坪当たり一二ドル（一エーカー当たり一四八・二八ドル）は、パリやニューヨーク近郊の地代よりも高かったが、長崎・山手が一二ドルで決着していたことから、横浜でもこれと同額で決着したのであった（『横浜市史 第二巻』七七九頁）。

長崎でも、「二割金制」がとられていた（菱谷（一九八八）五七、五一二頁）。これは、横浜と同様に借地料の二割を居留地経費として差し引き、居留地内の道路等の整備・清掃等に充当する措置であった。菱谷（一九八八）は、この根拠として、万延元（一八六〇）年の「長崎地所規則」第五条を根拠として挙げているが（五七頁）、これは日本側が責任を負うことを定めた包括的な規定である。横浜では、包括的な「横浜地所規則」第五条に基づき、二割金制を直接盛り込んだ「横浜居留地覚書」も取り交わされている。長崎では、このような覚書は、見当たらないようであるが、ここでは菱谷（一九八八）の考えに従うことにする。

表6―2は、菱谷（一九八八）が明治八年の長崎県外務課の公式報告書に基づいて作成した「表1―2⑴居留地

地区別明細」（五四頁）や「表2―5Ⓐ明治八年外国人居留地における地種、地積、地籍、借地料、明細表」（一八四頁）等を整理したものである。「地積」に「一〇〇坪当たりの借地料」を乗じて「借地料」を算出しているので、横浜の表6―1と異なり、個別の借地面積や借地料を積み上げて集計した数値ではない（なお、菱谷（一九八八）とは小数点以下で差異が出たので、これを補正した）。したがって、「返地」や「空地」を含む「借地料」となっている。

さて、一八五九～一八六八年において「一〇〇坪当たりの借地料」の増減はないので、長崎居留地の借地料は、表6―2をベースにその歴史的拡大を踏まえ、地区ごとに推計する。

大浦地区

万延元（一八六〇）年一〇月に造成工事が竣工しているので、翌文久元年初めにはすべて貸与が決定したと仮定して、明治元年までの八年間の全額を借地料として計上する。すなわち、五万五三〇〇ドル（＝6,912.52ドル×8年）である。

山手地区

文久元（一八六一）年の第二次造成工事着手の前に、「大浦」と「東山手」の地割も終わり、「南山手」の地割も四分の三の三万三四〇〇坪が終わっている（菱谷（一九八八）四九頁）。この分については、大浦地区と同様に借地料を計上し、残りの「南山手」については、第二次造成工事の完成にあわせて、文久三年から計上する。すなわち、

東山手　　一万六五三六ドル（＝表6－2の2,067.01ドル×8年）

南山手　　三万二〇六四ドル（＝33,400坪×（100坪当たり）12ドル×8年）

　　　　　　八一七八ドル（＝11,358.12坪×（100坪当たり）12ドル×6年）

山手合計　五万六七七八ドル

である。しかしながら、「山手」は、道路・潰れ地が多いことから、長崎奉行から老中宛に上申書が出され、地積

表6－2　長崎居留地・借地料（明治8年）

単位：坪またはドル

地区名	地積	100坪当たりの借地料	借地料	備考
〈外国人居留地〉				
大浦	6,948.00	37	2,570.76	第1次埋立
	15,506.30	28	4,341.76	
計	22,454.30		6,912.52	
山手（東）	17,225.10	12	2,067.01	旧大村藩領
（南）	44,758.12	12	5,370.97	
計	61,983.22		7,437.98	
下り松	6,535.90	37	2,418.28	第2次埋立
	3,328.90	28	932.09	
計	9,864.80		3,350.37	
梅香崎	1,451.00	37	536.87	第3次埋立
	2,201.60	28	616.45	
計	3,652.60		1,153.32	
出島	2,192.90	37	811.37	旧出島
	1,830.00	28	512.40	
計	4,022.90		1,323.77	
外国人居留地合計	101,977.82		20,177.97	
〈中国人居留地〉				
新地	1,599.30	37	591.74	
	2,519.67	28	705.51	新地蔵所
計	4,118.97		1,297.25	
広馬場	2,016.83	28	564.71	唐館前
	829.20	12	99.50	唐館内
計	2,846.03		664.22	
中国人居留地合計	6,965.00		1,961.47	
長崎居留地合計	108,942.82		22,139.43	
資料出所	菱谷（1988）54頁より算出			

の三〇％分が借地料から除外されている（菱谷（一九八八）六二頁）。慶応元年の上申書ではあるが、実務的には、当初からこれが適用されていたと想定すると、山手合計は、三万九七四五ドルとなる。

下り松地区

文久元（一八六一）年後半に第二次居留地造成工事が始まっているので、工事竣工は、文久二年以降になる。こうしたことから、「南山手」の残り分と同様に、文久三年年初から借地料として計上する。すなわち、二万一〇二ドル（＝3,350.37ドル×６年）である。

梅香崎地区

元治元（一八六四）年の第三次居留地造成工事であるので、慶応元（一八六五）年以降の三年間を借地料として計上する。すなわち、三四六〇ドル（＝1,153.32ドル×３年）である。

出島地区

旧出島に波止場を設置して慶応二年に居留地に編入されたものである。借地料は、以前よりも上乗せされているが、表６―２の借地料を簡便的に全期間に適用する。すなわち、一万三二三八ドル（＝1,323.77ドル×10年）である。

中国人居留地

鎖国時代に中国貿易を担った唐館とその周辺地である。唐館は、ともかくとして、これに接続する唐館前の「広馬場」は、当初は、欧米人の仮泊地となっていたようである（菱谷（一九八八）七五三頁）。欧米人が大浦等へ移動するにつれて、次第に中国人が多数を占めるようになったのである。明治元年には、二一三人の中国人が新地に住み、明治三年には、新地を中心とする「支那人居留地二万坪余」とする記録もあるが（菱谷（一九八八）七五三頁）、「新地蔵所」跡が中国人居留地に組み入れられた時期は明らかではない。これらを踏まえ、表６―２の「唐館内」の借地料は、全期間に、「唐館前」は、文久元年以降の八年間に、また、「新地」は、明治元年のみに適用されたものと仮定する。すなわち、六八一〇ドル（＝99.50ドル×10年＋564.71ドル×8年＋1,297.25ドル×1年）である。

長崎居留地の賃借料合計

以上のことから、安政六（一八五九）年〜明治元（一八六八）年までの長崎居留地（旧出島と唐館を含む）の借地料は一三万八六五五ドルと推計される。ここから、二割金制により、二割が減額されるから[5]、長崎居留地から日本側に支払われた総額は、一一万九二四ドルと推定されることになる。先の横浜のほぼ半分にあたる。

(3)　横浜・長崎居留地からの借地料・家屋税等

五か国との修好通商条約では、神奈川、長崎の開港に加えて、箱館での通商も規定され、箱館にも居留地が設けられたが、横浜や長崎とは異なり、外国人は、市街地に日本人と雑居していた。このため、横浜や長崎のような借地料データを得ることは困難である。また、条約では、兵庫・新潟の開港、大坂・江戸の開市等も規定されていたが、これらの開港・開市日は、条約の規定された日よりも大幅に遅れ、兵庫開港・大坂開市は、慶応三年一二月七日（一八六八年一月一日）、江戸開市・新潟開港は、東京と改称された後の明治元年一一月一九日（一八六九年一月一日）であった。本章での安政六（一八五九）年〜明治元（一八六八）年までの借地料の推計においては、兵庫開港・大坂開市にともなう一年分の借地料も算入する必要があるが、この算入は、実際上、困難である。

横浜・長崎の推計は、いくぶん、過大推計と思われる点もあるので、上の箱館、兵庫、大坂の未算入分によって、推計の歪みが是正されバランスがとれているものと仮定する。すなわち、居留地から日本側に支払われた総額は、三二万四八二三ドル（借地料三〇万二六三ドル、家屋税（建物賃借料）二万四五六〇ドル）である。

3　建物建築費用

上では借地料等の推計に、かなりのページを割いたが、ここで横浜・長崎居留地の建物建築費用の推計に入る。「神奈川地所規則（一八六〇年八月、日付の記載なし）」の第二条では、居留地の借地人は六か月以内に建物を建築することとし、その価格は、海岸通り地所が敷地一〇〇坪に付き一五〇ドル以上とされ、裏手の地所が同じく五〇ドル以上と規定されていたのである（『横浜市史 第二巻』七四七頁）。また、「長崎地所規則（一八六〇年九月二九日）」の第三条にも、同様に規定が盛り込まれていたのである（菱谷（一九八八）四八〇頁）。

横浜居留地の海岸通り地所を「地番一～二〇番」と想定すると、その敷地面積は、一万六八五三坪になる（ただし、表6―1を作成する際に「返地」とされていた「一七番」を除く）。上の「規則」が適用されると、建築費は二万五二七九・五ドル以上となる。

「山下」地区において、海岸通り地所、日本側が建物を建築し家屋税を徴収している地所、さらに明治に入って造成された「新埋立居住地（New Swamp Settlement）」を除くと、一般の住宅地は、七万一二〇五・一五坪となる。これを「裏手」と想定すると、建築費は、三万五六〇二・五八ドルとなる。

「山手」地区からは、表6―1のように、各国の疱瘡病院、イギリス・フランス軍屯所、イギリス・フランス・オランダ海軍貸与地、イギリス公使館地所、アメリカ郵便地所等用地、墓所等用地、公園等用地、競馬場用地、居牛場用地及び日本側が建物を建築し家屋税を徴収している地所を除き、これを「裏手」と想定する。対象となるのは、一般住宅地一三万五〇八八・五坪、各国の学校・病院・その他の公的施設用地八八六三坪である。この建築費は、合わせて七万一九七五・七五ドル以上になる。したがって、横浜居留地全体では、一三万二八五七・八三ドル以上となる。

長崎居留地については、個別の地所の用途が不明であるので、「上等地（海岸の Water frontage lot）」は、すべて「海岸通り」と仮定し、「中等地（海岸背後の Rearage lot）」と「下等地（山手の Hill lot）」を「裏手」と仮定する。表6―2から「上等地（借地料一〇〇坪当たり三七ドル）」の地積を合計すると、一万八七二七・一〇坪となる。一〇〇坪に付き一五〇ドル以上を想定すると、建築費は、二万八〇九〇・六五ドル以上になる。「裏手」は、同様にして計算すると、地積九万二一五・七二坪になる。一〇〇坪に付き五〇ドル以上を想定すると、建築費は、四万五一〇七・八六ドル以上になる。したがって、長崎居留地全体では、七万三一九八・五一ドル以上となる。

このように仮定すると、横浜居留地と長崎居留地を合わせた建築費は、二〇万六〇五六・三四ドル以上となる。

しかしながら、第1章で紹介した海舟日記の文久三（一八六三）年一一月二七日条には、

横浜遊歩、此処の外国居家皆広大、一家大抵五千両に下たらす

と記載されているのである。海舟が文久三年一一月に見たのは、おそらく、「山下一一〇番」までの「原居留地」と「山手」の英仏軍施設用地（文久三年六月頃に山手一八六番にフランス駐屯軍兵舎造営、一二月にイギリス駐屯軍仮兵舎宿営）であろう(6)。「地番一～一一〇番」は、敷地面積四万六五五六六坪、建築費二万三二八三ドル以上である。平均の敷地面積は五八二坪（一九二〇平方メートル）と広大であるが、（上の計算に従えば）平均の建築費は三〇〇ドルに満たない。公定レート換算で二一八両程度であり、海舟の言う五〇〇〇両にはほど遠い。海舟の記述が正しいとすれば、本章で推計した建築費もおよそ二三倍にしなければならない。

幕府が建築し、建築費の一〇分の一の家屋税（建物賃借料）を課している建物について検討すると、「山手」の「イギリス公使館」は、四五八三坪と広大であるが、建築費も五万七二五五ドルである。神奈川地所規則第二条に従って「一〇〇坪当たり五〇ドル」で建築したとすれば、二二九二ドルに過ぎず、実際の建築費は規則の二五倍になる。後に造営された「山下」の「海岸通五町目」の「フランス公使館・領事館」は、一九二二坪、建築費六万三

六〇ドルであり、規則の六三倍である。他方、「山下」の「イギリス領事出張牢屋」は、一一七四坪、建築費六五二一ドル余である。牢屋とはいえ規則の一一倍である。「山手」の「屠牛場」でも、五・四倍である。

この比較からすると、外国人の住宅は皆広大で、五〇〇〇両以上もする海舟の記載もオーバーな表現とはいえない。さすれば、先の計算した横浜居留地と長崎居留地を合わせた建築費二〇万六〇五六・三四ドルは、（地所が広大であることから建築面積が相対的に小さい「イギリス公使館」と同率の）二五倍とすれば、五一五万一四〇〇ドル余となる。

4　外国軍横浜駐屯費用

幕末の英仏軍の横浜駐屯の要求は、文久元年五月一日（一八六一年六月八日）のイギリス公使館書記官マイバーグ（公使オールコックは香港出張中）の日英修好通商条約第一一条（日米修好通商条約では第四条）に規定された「英海軍の糧食貯蔵のための倉庫設置」の要求に始まる（『横浜市史 第二巻』七七三頁）。五月二八日（七月五日）には、第一次東禅寺事件が起こり、これをめぐるイギリスの外交圧力は高まる。開港開市延期問題、ロシアの対馬侵略問題等の解決すべき重要な外交課題もあり（同書、七七四頁）、幕府は、七月上旬には、これを承諾し、翌年の文久二年二月二六日（一八六二年三月二六日）には、「山手」地区に「英海軍物置所一六三六坪」を貸与することになる（同書、八〇二頁）。これは、単なる海軍物置所ではなく、横浜港に碇泊するイギリス軍艦乗組員の陸上における屯所と推測されるのである。

文久二年には、五月二九日に第二次東禅寺事件、八月二一日には生麦事件が起こっている。一〇月になると、横浜居留地では、浪人二〇～三〇人が居留地を襲撃するとの風説が流布し、イギリス公使代理ニールは、イギリス人の生命・財産の保護を要請する書簡を幕府に送る状況になり（同書、七九一頁）、翌年の文久三年二月には、イギリス艦隊の軍艦一二隻が横浜港に集結している（同書、七九三頁）。これには、イギリス人の保護とともに、軍事的プレゼンスを示して、東禅寺事件・生麦事件の事後処理（処罰と倍償金）に対して圧力をかける目的があった。攘夷派が横浜居留地を襲撃するとの風説はさらに高まり、居留地は騒然とする。幕府は、文久三年五月九日、東禅寺事件と生麦事件の賠償金一一万ポンド（四四万メキシコ・ドル）を支払うとともに、五月中旬には、横浜とその近郊の防衛をイギリス・フランスの両国提督に「正式」に委ねることになる（詳細は、『横浜市史 第二巻』七九二―八〇〇頁を参照のこと）。

実際、五月中旬には、「フランス海兵隊が横浜に到着し山手一八六番に駐屯。アフリカ猟歩兵第三大隊の一中隊も到着」である（横浜開港資料館（編）（一九九三）二六二頁）。フランス兵屯所の兵舎は、イギリス海軍物置所に隣接した地所（三〇四二坪）に幕府負担（家屋・地所ともに無料）で造営され、これに隣接した山手一八五番（一〇七四坪）には、フランス海軍物置所（フランス負担、借地料も有料）も造営されたのである（『横浜市史 第二巻』八〇二―八〇三頁）。

アフリカ軽装歩兵（猟歩兵）第三大隊について、中武（一九九六）を整理すると、次のようになる。このアフリカ第三大隊は、フランスの植民地ナイジェリアにおいて元受刑者や軍規違反者を中心に編成された部隊である。前年の文久二年には、フランス公使館の護衛兵として二〇名ほどが派遣されていたが、一八六三年六月（文久三年五月）、歩兵一個中隊七五名に続き、七月一〇日には二〇八名が横浜に到着し、総員で約三一〇名になった。横浜居留地防衛が目的ではあったが、コレラが蔓延し疲弊し始めたことから転地療養の目的もあったのである。間もなく、この大隊はコーチシナへの移駐命令を受け、何回かに分けて移動し、一〇月には、約一〇〇名の兵が横浜に残留することになった。この部隊の完全撤退は、一八六四（元治元年）年三月であった。これに替わって、横浜に駐留したのは、海兵隊（海軍陸兵隊）であった。この兵員数は、中武（一九九七）でも確定されてはいないが、洞（一九七七）では、「元治元年に海兵隊三〇〇名がこれと交替している」（九九頁）としているのである。

イギリス軍の駐屯は、フランスの第三大隊の駐屯よりも半年以上遅れの一八六四年一月（文久三年一二月）であった。日本では、文久三年五月に下関での外国船砲撃事件、七月に鹿児島戦争（薩英戦争）、九月二日に井土ヶ谷のフランス人襲撃事件（さらに一〇月に鎌倉八幡宮前のイギリス士官二名の殺害事件）が起こり（『横浜市史 第二巻』八〇〇頁）、幕府も、こうした攘夷熱の高まりの影響を受け、九月一四日にアメリカとオランダに対して、横浜鎖港《さこう》の談判を行っていたのである（保谷（二〇一〇）八〇―八一頁）。こうした状況のもとで、イギリス第二〇連隊の分遣隊二個中隊二〇〇名が横浜に駐屯したのである（横浜開港資料館（編）（一九九三）二〇、二六三頁）。

イギリスといえども、戦争を自由にできるわけではなく、また、アジアでも、中国において権益確保・太平天国の乱等への対処のために、軍事力を展開中であったことから軍事力の行使も制限されたものとなっていたし、人道的行為に反した鹿児島戦争のやり方に対しては、イギリス国内からも政治的批判が出ていた（洞（一九七七）六九―七三頁及び保谷（二〇一〇）一二四頁）。しかし、イギリスは産業資本の確立期であり、パックス・ブリタニカへの道を歩み始めていた。「自由貿易の利益」を追求するイギリス側にとっては、いったん開いた貿易港を閉鎖する「横浜鎖港」は、通商条約の実質的な破棄とも受け取れる大問題であった。一八六四年三月に賜暇休暇中だったイギリス公使オールコックが帰任すると、それまで一時的に外交団を主導していたフランス公使ベルクールに替わり、再び外交団をリードするようになる（Alain（1994）日本語訳三一九―三二〇頁）。オールコックは、横浜鎖港阻止・下関海峡封鎖解除と横浜居留地防衛で外交団をまとめ、イギリスも、一八六四年五月には本国から海兵隊軽装歩兵一大隊五三〇名を、七月には香港から第二〇連隊の本隊（六個中隊、約八〇〇名）を横浜に回し駐屯させている（横浜開港資料館（編）（一九九三）二〇―二一頁及び中武（一九九四）一一―四頁）。

元治元年七月二七・二八日（一八六四年八月二八・二九日）、下関攻撃のために、四か国連合艦隊が横浜を出港した。軍艦一七隻（英艦九隻・仏艦三隻・蘭艦四隻・米仮装艦一隻、合わせて砲二二八門・兵員五〇一四名）であった（『横浜市史 第二巻』八〇六頁）。横浜居留地防衛の留守部隊は、イギリスの第二〇連隊第二大隊・第六七連隊分遣隊・ボンベイインド人歩兵隊（ベルチーズ隊）・工兵隊であり、一五〇〇名を超えていた。

英仏軍の横浜駐屯は、下関戦争終結とともに減少するが、慶応三（一八六七）年でも、合わせて一〇〇〇名程度が常駐していた。日本側が英仏軍の撤退問題に触れたのは、明治二（一八六九）年一〇月の岩倉具視とイギリス公使パークスとの会談の席であった（『横浜市史 第三巻下』七三三頁）。その後の交渉の末に、明治四（一八七一）年五月には、外務卿が英仏公使に対して撤退要求書を出すことで、明治四年一〇月にはイギリス軍三一〇名、フランス軍二〇〇名と駐屯兵半減が実現し、英仏軍の完全撤退は、明治八（一八七五）年三月二日であった（『横浜市史 第三巻下』七三六―七四八頁）。文久三年五月（一八六三年六月）のアフリカ軽装歩兵第三大隊の横浜駐屯から数えると一二年間の駐屯であった。

横浜駐屯軍の説明がいささか長くなったが、本論の「金貨流出額の推定」に戻ると、ここでは、横浜において支出した駐屯経費が問題になる。駐屯軍の地所には、有料のものと無料のものがあるが、有料の借地料は、すでに第2節で取り上げた借地料に算入している。駐屯軍の建物・建屋の主なものは、幕府の負担で建築が行われている。例えば、イギリス駐屯軍兵舎の建造費は、合わせて五万三二五一両余と巨額であり、また、慶応二年のイギリス軍の塗土蔵二棟・板張物置二棟・パン焼所一棟その他の建設費の見積もり額は、一万三〇四〇ドル余、実際の建設費は、八九二七両余であった（同（一九七七）九四―九五頁）。屯所の修繕も、幕府負担であった。慶応二年の兵舎の大修繕では、約一万六〇〇〇ドル（予算は一万一七〇〇両余）を支出しているのである（同書、九六頁）。

したがって、ここでは駐屯にともなう経常経費のみが問題となる。一八六四年一月（文久三年一二月）にイギリス第二〇連隊分遣隊二〇〇名が横浜に駐屯した一か月後には、物資（食料品その他）の入札公告が出され、さらに一か月後には、*The Japan Commercial News*（一八六四年三月一六日号）に新聞広告が掲載されているのである（横浜開港資料館（編）（一九九三）五九―六〇頁に原文採録）。すなわち、精肉・新鮮な野菜・小麦粉（良質のアメリカ産か最上質の日本産）・茶・砂糖・薪・日本産の石炭・木炭・油・ランプの芯・馬糧を購入するための入札である。

これは半年契約であったことから、半年後の九月にも、*The Japan Times' Daily Advertiser*（一八六四年九月一四日号）に同様の広告が掲載されている（同書、六〇―六一頁に原文採録）。こちらは、小麦粉（最上質の日本産）・茶・ランプ油と芯・馬糧となっており、小麦粉は、アメリカ産の記載がなく、日本産のみとなっている。また、病院用として、なぜか、シャンペン・シェリー酒・ポートワイン・ブランデー・ジン・ウイスキー等もある。応札者は、イギリス商人と思われるが、これらの物資は、アメリカ産小麦粉や（病院用の）酒類を除くと、日本国内から調達できるものばかりである。したがって、駐屯軍と契約をしたイギリス商人は、日本人を介して、これらの物資を調達し納入することになる。

横浜開港資料館（編）（一九九三）の二七二頁には、兵士数の棒グラフが掲載されているが、兵士数の記載はなく、「史料上の制約から確定することが難しく」とされている。本章では、『横浜市史 第二巻』、洞（一九七七）、横浜開港資料館（編）（一九九三）及び中武（一九九四）（一九九六）（一九九七）の各史料に基づき、横浜駐屯軍の士官・兵士数を次のように想定する（史料により数字の不一致もあるが、適宜、判断した）。

イギリス

A　第二〇連隊第二大隊
一八六四年一月 一二〇〇名、八月 九六〇名、一八六五年九月 九八五名
一八六六年四月から撤退開始、九月撤退完了

B　第六七連隊分遣隊・砲兵隊・工兵隊・ボンベイインド人歩兵隊
一八六四年七月 一六三名、八月 五一九名、一八六五年一月 砲兵隊・工兵隊一〇七名残留

C　第六七連隊分遣隊
一八六五年九月～一八六六年四月 一五一名

D　第九連隊第二大隊
一八六六年三月　三二〇名、一八六六年五月～一八六八年四月　六八〇名
E　第一〇連隊第一大隊
一八六八年五月～　六八〇名
F　海兵隊軽装歩兵
一八六四年五月～一八六四年八月　五三〇名

フランス

A　アフリカ軽装歩兵（猟歩兵）第三大隊
一八六三年六月　九五名、七月　三一〇名、八月　二五〇名、九月　一九七名
一〇月からしだいに撤退、一八六四年六月撤退完了
B　海兵隊
一八六三年六月～　三〇〇名

これを見ると、下関攻撃の前後の時期（一八六四年八月～一二月）には、二三〇〇名余が横浜に駐屯した(7)。全期間を通じて最も多かったのである。このときの横浜居留の欧米人三〇九名（イギリス人九八名、アメリカ人九七名、フランス人五二名、オランダ人三三名、ポルトガル人九名、プロシア人二〇名）をはるかに上回る数であった（洞（一九七七）一一三頁）。

一八六七年以降は、英仏軍の駐屯兵士らは、九八〇名程度でなるが、右のデータに従って、駐屯開始から一八六八（明治元）年までの月平均をとると、一一六五名となる。

兵士一人当たりの駐屯費の史料は見当たらない。第1節では、藤野（一九九四）の仮定を踏襲して、居留地での一人当たり年間消費額を「非中国系」二七〇ドル、「中国系」二七ドルと仮定した。ここでは、兵士の食料給付の軍隊生活や、ボンベイインド人歩兵隊やアフリカ第三大隊も駐屯したことから、消費については「中国系」と同額の一人年間二七ドルと仮定し、さらに、駐屯地運営の諸経費（兵士給与を除く）として、これと同額の一人年間二七ドルを仮定する。したがって、兵士一人当たりの駐屯費を年間五四ドルと仮定する。

なお、兵士の給与は、Black（1880）の仮設例では、一日一シリングである（日本語訳六七頁）。これは、年三六五シリング（一八ポンド五シリング）、メキシコ・ドルでは、およそ年七三ドルになる。明治三、四年頃の加賀藩小川家文書には、駐屯軍の「給料一日渡り高」として「大隊史令師二十四シルリンク……兵卒一・二ペンス」と記録されている（横浜開港資料館（編）（一九九三）一三五―一三九頁に原文採録）。したがって、駐屯軍司令の給料は、年八七六〇シリング（四三八ポンド、一七五二メキシコ・ドル）になる。この「兵卒一・二ペンス」を一シリング二ペンスと解釈すれば、Black（1880）とほぼ同じ水準になる。また、Black（1880）によれば、横浜居留地参事会がイギリス軍兵站部の軍曹を警察部長に任じたときの給料が月八〇ドル（年九六〇ドル）だったことや（日本語訳五七頁）、駐留軍軍楽隊の演奏会の入場料が、指定席二ドル、自由席一ドルであったことからすれば（笠原（二〇〇六））、兵士一人当たりの駐屯費五四ドルの仮定は、実際よりも低い可能性もある。

上の仮定のもとでは、一八六八年までの横浜での駐屯経費（日本産品調達額）は、

兵士らの月平均人数（1,165名）×67か月×年54ドル÷12か月＝351,248ドル

から、三五万一二〇〇ドル余となる。

横浜居留地には、数件の居酒屋（免許料月一二ドル）も営業されていたが、居酒屋等での兵士の個人的な消費については、本章では考慮しない。

5　外国軍艦補給費用

幕末の外国軍艦補給費用の算出がテーマであるが、この費用計算の前提となる幕末のアジアや日本を取り巻く政治・軍事情勢と外国軍艦・蒸気船等の説明から始める。

自由貿易主義が黄金期を迎えたイギリスとはいえ、覇権を握り、世界中に軍事力を展開するには、巨額の軍事費を要する。インド大反乱（一八五七～一八五九年）や太平天国の乱（一八五一～一八六四年）に直面したイギリスは、一八六〇年の段階での海軍兵力として、兵士六万五〇〇〇名弱・軍艦等三〇五隻をもち、東インド・中国方面には、兵士七五〇〇名余・軍艦等六五隻を配備していた（保谷（二〇一〇）二四頁の表1）。軍事費が膨張すれば、当然に、イギリス国内ではその削減要求も出てくる。

イギリスは、こうしたイギリスの国内情勢を反映するかのように、幕府に圧力をかけ、文久三年五月八日（一八六三年六月二三日）には、東禅寺事件・生麦事件の賠償金一一万ポンド（四四万メキシコ・ドル）をイギリス公使館で受け取り、その二か月後には、鹿児島戦争（薩英戦争）を誘発し、一一月一日（一二月一一日）には、薩摩藩から生麦事件の賠償金二万五〇〇〇ポンド（一〇万メキシコ・ドル）を受け取るに至っている。こうして極東での軍事資金は確保される。イギリス公使オールコックも、賜暇休暇を終えて一八六四年に日本に帰任すると、「横浜鎖港阻止・下関海峡封鎖解除・横浜居留地防衛」で外交団をまとめる。七月には、中国の太平天国が崩壊するが、その直前には、これを見越してイギリス軍東インド・中国方面の部隊展開も、日本に軸足を移すようになる（保谷（二〇一〇）二五頁）。そして、一八六四年八月二八・二九日（元治元年七月二七・二八日）、下関攻撃のために、四か国連合艦隊の軍艦一七隻が横浜を出航したのである。

イギリスでは、一八六三年秋から陸軍省と海軍省との間で日本との戦争を想定した計画書がつくられ、「軍事覚書」が翌一八六四年一月に提出されている（保谷（二〇一〇）九二―一二八頁）。これでは、〈ケース１〉特定の攘夷派大名との戦い（後の下関戦争）、〈ケース２〉天皇・攘夷派大名グループとの戦い、〈ケース３〉幕府との戦いの三つのシミュレーションがなされ(8)、この輸送経費は、一イギリス・トン当たり、帆船が一か月一ポンド、蒸気船が倍の二ポンドと見積もられていたのである。

外国軍艦の横浜港の碇泊は、アジアでの政治・軍事情勢やイギリス国内の政治情勢のほか、日本国内の政治・軍事情勢とも密接に関係している。これを日本国内の視点から見ると、次のようになる。

文久三（一八六三）年二月に横浜居留地襲撃の風説が出ると、イギリス艦隊が碇泊し始め、四月には、一七隻（イギリス一一隻、フランス三隻、オランダ二隻、アメリカ一隻）となる（『横浜市史 第二巻』七九六―七九七頁）。六月二二日（西暦八月六日）には、イギリス軍艦七隻が横浜を出航し、石炭の消費を節約するために「帆走」で鹿児島に向かい、鹿児島戦争（薩英戦争）が始まる（元綱（二〇〇四）五八頁）。この戦争も数日で終結し、九月には、横浜には常時二〇～二四隻軍艦が碇泊し、上陸する水兵相手の居酒屋も営業されるようになる（『横浜市史 第二巻』八〇三頁）。さらに、一一月中旬には、イギリス軍艦から一一五〇名が上陸し、楽隊を先頭にして神奈川方面に行進する(9)。軍艦の横浜碇泊のピークは、下関戦争直前の翌元治元（一八六四）年七月末である。下関戦争のために出航した軍艦一七隻と横浜居留地防衛の軍艦五隻（長崎居留地防衛にも軍艦一隻）であった(10)。

下関戦争以外でも、兵庫開港等をめぐって、連合艦隊が二回にわたり兵庫沖に集結し、朝廷や幕府に対して圧力をかけている。慶応元年九月一六日（一八六五年一一月四日）には、イギリス艦四隻、フランス艦三隻、オランダ艦一隻、計八隻である（元綱（二〇〇四）八九頁）。このとき、五か国との修好通商条約の勅許を求める要求と関税率引き下げ要求は、一応の解決を見たが、兵庫開港については、日本側が譲歩せず、予定通りに一八六八年一月一日（慶応三年一二月七日）となった。二回目の連合艦隊の兵庫沖集結は、（大坂開市とともに）兵庫開港を約束通りに実行させるためのものであった。イギリス艦一二隻・フランス艦一隻と南北戦争が終わったアメリカから五隻の計一八隻である（元綱（二〇〇四）九〇―九七頁）。

日本に寄港した外国軍艦の多くは蒸気軍艦である。先に述べた一八六四年一月のイギリスの対日戦争シミュレーションでは、蒸気船と帆船による輸送経費を算出しているが、その差異は、主として蒸気船の石炭購入費によるものである。幕末の蒸気船の歴史的・技術的文献としては、安達（一九九五）、杉浦（一九九九）、元綱（二〇〇四）等があり、また、輸送システムとしての船を取り扱った文献として、野澤（二〇〇六）がある。いずれも有用な文献であるが、石炭の消費量・コスト面の分析はほとんどなされていない。わずかに、元綱（二〇〇四）に次の記載が見られる程度である、すなわち、「一時間一ＩＨＰ当たりの石炭消費量も初期の約五・五 lbs（約二・四九 kg）から一八六〇年代には約三・五 lbs（約一・五九 kg）、一八七〇年代には約二・五 lbs（約一・一三 kg）になり、初期の頃と比較すると半分以下になった」（三〇頁）である。なお、「ＩＨＰ」は、図示馬力であり、公称馬力（ＮＨＰ）と区別されるべきものである（両者の関係を示す計算式は、元綱（二〇〇四）二〇三―二〇四頁を参照のこと）。

この時代の蒸気船には、二～三本のマストと帆が装備されていた。蒸気機関の効率は低く、長距離の航海では石炭の節約のために、「帆走」や「帆と蒸気の併用」も行われており、鹿児島戦争ではイギリス軍艦七隻が横浜から「帆走」で鹿児島に向かったのである（元綱（二〇〇四）二、五八頁）。

ここで、本論からやや外れるが、「帆走」と「石炭」の関係を示すいくつかのエピソードを挿入する。まず、蒸気外車軍艦の場合、外車（外輪）を取り付けたまま帆走すると、抵抗力が大きく速度が落ちる。『ペリー日本遠征日記』によれば、イギリス軍艦は、燃料節約のためにしばしばエンジンを切るが、その装置が簡単なのでほんの二～三分で切換えが完了する。しかしながら、アメリカ軍艦は、エンジンを切ることが不可能に近かったので、穏やかな天気のときだけ、水掻き板（あるいは水受け）を取り外すことになるが、その所要時間は二時間、再度の取り付けに四時間を要したのである（Pineau（1968）日本語訳五一頁）。次に、石炭についてのエピソードである。ペリー艦隊は、一八五二年一一月二四日、アメリカ・ノーフォークを出帆し、西回りで（マデイラ、喜望峰、モーリシャス、シンガポール、香港、上海、那覇経由で）、翌年七月八日に浦賀沖に投錨している。このときのペリー艦隊の旗艦はサスケハナであった。西回り航路をとったことで、数回の石炭補給が必要になる。まず、ノーフォークを出帆してマデイラとセント・ヘレナで石炭を補給した後、ニューヨークから出た石炭補給船によって、喜望峰とモーリシャスで石炭補給を受けている（同書、四七、六四頁）。シンガポールでは、ペニンスラー・アンド・オリエンタル蒸気船海運会社（P・O社）から石炭一三〇トンを香港で返却する約束で借り入れ、中国まで来たのであった（同書、九六頁）。上海からは、石炭船ブレンダをチャーターし、那覇へ向かったのであった（Williams（1910）日本語訳二二頁）。上海までのペリー艦隊の旗艦は、ミシシッピ号であった。風が弱く海が穏やかなときは、二つのボイラーを使い時速七ノットで進み、向かい波になると時速五ノットに速度が落ちるので、さらに二つのボイラーを使い、速度をほぼ七ノットに維持したが、その場合、一日の石炭消費量は二六トンに達していた（Pineau（1968）日本語訳二二頁）。最後のエピソードは、幕府軍艦・咸臨丸のものである。よく知られているように、日米修好通商条約の批准書の交換のために新見《しんみ》正興《まさおき》を正使とする使節団がアメリカに派遣された。使節団は、アメリカ軍艦ポーハタンに乗船した。咸臨丸は、ポーハタン号とは別航路（北太平洋航路）をとり、一八六〇年二月一〇日（安政七年一月一九日）に浦賀を出港し、無寄港で三六日を要して三月一七日（二月二五日）にサンフランシスコに到着しているが、九日分の石炭を積載しての「帆走」であった（『勝海舟全集8　海軍歴史Ⅰ』二九三―三二八頁）。

さて、話を本論に戻すと、外国軍艦が日本で石炭・食糧・軍備等に支出した費用計算である。これらの費用計算には、多くの仮定が必要になる。まず、本書の分析対象期間は、一八五九（安政六）年から一八六八（明治元）年の一〇年間である。しかしながら、文久三（一八六三）年一月以前にも、外国軍艦が横浜・長崎・箱館に寄港し、種々の補給をしていたが、本格化するのは、同年二月のイギリス艦隊の横浜碇泊以降である。そこで、

(1)　外国軍艦の碇泊・補給費用の算出期間は、文久三年二月から明治元年一二月までに限定する。

日本に寄港した外国軍艦の概況は、上述の通りであるが、費用算出のために、次のように仮定する。

(2)ａ　鹿児島戦争・下関戦争時の文久三年二・三月は七隻、四〜八月は一七隻、九月〜翌年の元治元年八月は二四隻、下関戦争後の九〜一二月は一七隻とする。[11]

(2)ｂ　慶応三年の三か月間は一八隻と仮定する。

(2)ｃ　これらを除く期間、すなわち、平時の元治二年一月〜明治元年一二月は、一〇隻と仮定する。

実際の費用計算においては、資料の制約のために、さらに細かい仮定が必要となるが、これについては、該当箇所において述べる。ここでは、平時の軍艦数を一〇隻（文久三年の七隻）と仮定した根拠に言及するにとどめる。

第一に、鹿児島戦争時のイギリス艦が七隻、下関戦争時の横浜・長崎の居留地防衛艦が七隻、兵庫沖に集結した第一次連合艦隊が八隻であったこと、第二に、この当時、イギリス海軍中国・日本ステーションに所属する艦船がほぼ四〇隻であり、東インドステーションがほぼ七隻、オーストラリアステーションが六隻であったことからすると、平時でも、七〜八隻のイギリス軍艦が日本近海にいたと思われるのである。これにフランス、アメリカ、オランダの軍艦に加え、寄港頻度は少ないもののロシア軍艦も考慮に入れると、少なくとも一〇隻以上の軍艦が、日本で石炭・食糧・水等を調達・補給していたと思われるのである。[12]

次に、外国軍艦の碇泊・補給費推計のために、いくぶん、技術的な仮定を置く。下関戦争時には、軍艦の多くは蒸気外車軍艦から一八五〇年代建造のスクリュー推進軍艦に替わってはいたが、

(3)　石炭消費量については、一八六〇年代建造艦と同水準の一時間一ＩＨＰ当たりの石炭消費量を三・五lbs（一・五九kg）と仮定する。

(4)「ＩＨＰ」が不明の軍艦については、アーガス（一八五二年建造）、ウォーリア（一八六一年建造）及び開陽

丸（一八六六年建造）のIHP／NHP比が、それぞれ、二・五四、四・二一、三・〇〇であることから[13]、IHPはNHPの三倍と仮定する。

(5) 咸臨丸の事例や『勝海舟全集10　海軍歴史Ⅲ』の軍艦等運営費の予算見積から、航海日数の四分の一を「蒸気」、残りを「帆走」と仮定し、石炭消費量を算出する。

(6) 石炭価格は、『海軍歴史Ⅲ』に従って、「一〇〇斤＝銀二三匁（〇・三八三三両）」を仮定する。

(7) 外国軍艦の糧食費（経常経費を含む）は、横浜の陸上駐屯軍と同額の一人当たり年五四ドルを仮定する。

賄い料（糧食費）は、『海軍歴史Ⅲ』では、乗組員一人一日当たり「金一分」の予算申請であるが、勘定所の評議によって海軍予算申請額のほぼ三分の二に減額されていること、また、一人一日当たり「金一分」の糧食費は、一年九〇両余（一二〇ドル余）に相当し、過大な予算申請であることから、本書では「金一分」の糧食費を採用しない。

以上の仮定のもとに、外国軍艦の碇泊・補給費推計の具体的作業に入る。

仮定(2)a　文久三年二月〜元治元年一二月の期間

この期間を三つに分け、以下の方法で推計しこれらを合計すると、外国軍艦の碇泊・補給費は、一三七万九九〇七ドル（石炭購入額八三万九五五六ドルと糧食費五四万三五一ドル）となる。

仮定(2)aの1　文久三年九月〜元治元年八月の期間

期間に関する仮定(2)aについては、暦年順ではなく、主たる文久三年九月〜翌年八月の一年間の二四隻の費用推計から始める。この二四隻については、下関戦争に出た軍艦一七隻（イギリス艦九隻、フランス艦三隻、オランダ艦四隻、アメリカ艦一隻）と横浜・長崎防衛の軍艦七隻に相応するものと想定し、基本的には、元綱（二〇〇四）に記載されたデータに従って、推計する。

下関戦争に出たイギリス軍艦（東インド・シナ艦隊所属）は、蒸気フリゲート艦ユーリアラスをはじめ九隻（トン数合計一万二四六四bmトン、軍艦乗組員合計二六五〇名、機関馬力合計二八七〇ＮＨＰ、備砲合計一七〇門）である（元綱（二〇〇四）八二頁）[14]。上述の仮定に従うと、石炭消費量は

石炭消費量＝3.5 lbs（1.59 kg）× 2,870NHP × 3 ×24時間 × 365日 × （1/4）
＝65,995,650 lbs（29,980,881 kg） ＝ 49,968,135斤

である。金額に換算すれば、ほぼ二〇万両（一九万一五二八両）である。

また、フランス艦隊は、蒸気軍艦三隻（トン数合計五六二五排水トン、機関馬力合計二八七九ＩＨＰ、備砲合計四九門）、オランダ艦隊は、蒸気軍艦四隻（トン数合計約四二〇〇排水トン、機関馬力合計一六六〇ＩＨＰ、備砲合計五六門）である[15]。上述の仮定に従うと、フランス艦隊とオランダ艦隊の石炭消費量は、それぞれ、

仏石炭消費量＝3.5 lbs（1.59kg）× 2,879 IHP × 24時間 × 365日 × （1/4）
＝22,067,535 lbs（10,024,966 kg） ＝ 16,708,277斤

蘭石炭消費量＝3.5 lbs（1.59kg）× 1,660 IHP ×24時間 × 365日 × （1/4）
＝12,723,900 lbs（5,780,286 kg） ＝ 9,633,810斤

となる。金額換算では、それぞれ、六万四〇四三両と三万六九二六両となり、フランスとオランダの二国合計では、一〇万両余（一〇万九六九両）になる。

アメリカは、チャーターした武装商船ターキャンであるので、石炭消費量計算を除外すると[16]、四か国艦隊一七隻

の石炭消費額は、二九万二四九七両となる。

下関戦争時に横浜・長崎の居留地防衛のために碇泊した軍艦は、イギリス軍艦五隻とアメリカ帆走軍艦ジェームズタウン一隻である。この他に、イギリス軍艦一隻が日本近海に展開していた。これらのイギリス軍艦には、帆走軍艦も含まれている可能性もあるが、計算の簡便化のために上のフランス艦隊とオランダ艦隊の石炭消費額（七隻の石炭消費額三四七九万一四三五lbs（一五八〇万五二五二kg、二六三四万二〇八七斤）をもって、居留地防衛艦の石炭消費額とみなすことにすると、一〇万両余（一〇万九六九両）になる。

したがって、文久三年九月～翌年の元治元年八月の一年間の外国軍艦二四隻の石炭消費量は、総計一億三五五七万八五二〇lbs（六一五九万一三八五kg、一億二六五万二三〇九斤）となり、石炭消費額は、総計三九万三四六六両にのぼる。

幕府運上所における公用（及び外国領事館員・軍艦乗組員）に対するメキシコ銀貨と一分銀との交換比率は、公定レート「一ドル＝一分銀三個」で行われていたから、外国軍艦がメキシコ銀貨を持ち込み、運上所で一分銀に交換の上、居留地で石炭を調達したと想定すれば、上の四〇万両弱は、「五二万ドル余（五二万四六二一ドル）」になる。

ここで、この推計の妥当性を『海軍歴史Ⅲ』三〇九―三四七頁に照らし合わせてチェックする。幕府海軍は、慶応三年一〇月に九二万八〇〇〇両余の予算要求をしているが、このうち、幕府軍艦九隻の軍艦等運営費は、実に六〇万両以上に達している。この中でも、（観光丸を除く）軍艦八隻の石炭購入量は四六三五万斤、石炭購入額は一七万七六〇〇両余となっている。幕府海軍の石炭購入の予算要求額そのものも、先の「ＩＨＰ」基準からすれば、過大と思われるが、これを補正して考えると、上の外国軍艦の石炭消費額は、妥当なものと考えられるのである。

次に糧食費の推計に入る。下関戦争に出撃したイギリス軍艦の乗組員数は[17]、元綱（二〇〇四）に従い、二六五〇名とし（八二頁）、フランス軍艦、オランダ軍艦及びアメリカ軍艦については、『横浜市史 第二巻』八〇六頁や保谷（二〇一〇）一九三頁に従って、それぞれ、八五五名、九五一名、五八名、計一八六四名とする。したがって、四か国連合艦隊の乗組員数は、四五一四名である。下関戦争時には、軍艦には、イギリス陸戦隊・工兵隊やフランス海兵隊も乗船していたが、この人員については、すでに「4 外国軍横浜駐屯費用」において算入しているので、これらを再度計算する必要性はない。

さらに、居留地防衛の七隻の乗組員数は不明であるが、石炭消費量の仮定と同様に、フランス艦三隻とオランダ艦四隻の乗組員数合計をもって、その乗組員数と仮定すると、一八〇六名となる。

したがって、二四隻の軍艦乗組員数は、六三二〇名となる。先の仮定(7)では、外国軍艦の糧食費（経常経費を含む）を横浜の陸上駐屯軍と同額の一人年五四ドルを想定したので、糧食費は、

糧食費 ＝ 6,320名 × 54ドル ＝ 341,280ドル

となる。これは、先に計算した外国軍駐屯費支出額三五万一二四八ドルとほぼ同額である。

このように、文久三年九月〜翌年八月の一年間の外国軍艦の碇泊・補給費（石炭購入額と糧食費）は、八六万五九〇一ドルとなる。

仮定(2)aの2　文久三年二月〜八月の期間

次に、上のデータを前提として、文久三年二・三月は七隻の、また、四〜八月は一七隻の外国軍艦の碇泊・補給費（石炭購入額と糧食費）を推計する。文久三年二・三月の七隻については、先のフランス艦三隻とオランダ艦四隻と同等と仮定し、二か月分を算入する。すなわち、

石炭購入額 ＝ 仏蘭の年間石炭購入額100,969両 ×（2/12）＝ 16,828両 ＝ 22,438ドル

糧食費 ＝ 仏蘭の軍艦乗組員数1,806名 × 54ドル ×（2/12）＝ 16,254ドル

となる。合計で三万八六九二ドルである。なお、石炭消費量は、五七九万八五七三lbs（二六三万四二〇九kg、四三九万三四八斤）である。

文久三年四～八月の一七隻については、下関戦争に加わった一七隻をベースとする。すなわち、

石炭購入額 ＝ 4か国艦隊石炭購入額292,497両 ×（5/12）＝ 121,874両 ＝ 162,498ドル

糧食費 ＝ 4か国艦隊軍艦乗組員数4,514名×54ドル ×（5/12）＝ 101,565ドル

となる。合計で二六万四〇六三ドルである。なお、石炭消費量は、四一九九万四六一九lbs（一九〇七万七五五五kg、三一七九万五九二六斤）である。

仮定⑵aの3　元治元年九月～一二月の期間

元治元年一一月の横浜碇泊軍艦数は、一八隻（うち、一隻がアメリカ帆走軍艦ジェームズタウン）であることから、この期間の（蒸気）軍艦碇泊数を、一七隻と仮定する。この一七隻の石炭購入額・糧食費については、上の文久三年四～八月と同様に、下関戦争に出艦した一七隻をベースとして算出する。すなわち、

石炭購入額 ＝ 4か国艦隊石炭購入額292,497両 ×（4/12）＝ 97,499両 ＝ 129,999ドル

糧食費 ＝ 4か国艦隊軍艦乗組員数4,514名 × 54ドル ×（4/12）＝ 81,252ドル

となる。合計で二一万一二五一ドルである。なお、石炭消費量は、三三五九万五六九五lbs（一五二六万二〇四四kg、二五四三万六七四一斤）である。

仮定⑵b　慶応三年の三か月間

一八六八年一月一日（慶応三年一二月七日）の兵庫開港（大坂開市）を約束通りに実施することを求めて、連合国艦隊は、兵庫沖において二回目の軍事行動を起こした。軍艦は、一八隻（イギリス艦一二隻・フランス艦一隻・アメリカ艦五隻）であった。一八六五（慶応元）年の一回目の兵庫沖展開は、軍艦八隻で行われたので、これに特段の注意を払うことはせずに、次の平時の項で考察する。二回目の軍事行動は、一八六七年の暮れ（慶応三年一二月）から起こされ、戦争には至らなかったので、三か月間の軍事行動を想定し、先の方法に従って、外国軍艦の碇泊・補給費を推計する。

イギリス艦一二隻には、ガンボート、測量船、送迎船、軍隊輸送船、倉庫船も含まれている。これらも含めたトン数は、一万四九八九bmトン、備砲数は、一四七門、機関馬力は、蒸気艦九隻三二一〇ＮＨＰ、二隻一五八八ＩＨＰ、帆船（倉庫船）の七〇ＮＨＰであり、また、（判明分の七隻の）乗組員数は二〇二二名であった（元綱（二〇〇四）九一頁）。仮定(4)に従って、IHP/NHP 比を三倍とすると、石炭消費量は、

石炭消費量 ＝ 3.5 lbs（1.59kg）×（3,210 NHP × 3＋1,588 IHP）× 24時間 × 90日 ×（1/4）

＝ 21,202,020 lbs（9,631,775 kg）＝ 16,052,958斤

である。仮定(6)「一〇〇斤＝銀二三匁（〇・三八三三両）」に従って金額換算すると、六万一五三一両（八万二〇四一ドル）となる。また、糧食費は、

糧食費 ＝ 軍艦乗組員数2,022名 × 54ドル ×（3/12）＝ 27,297ドル

となる。したがって、石炭消費額と糧食費を合わせると、ほぼ一一万ドル（一〇万九三三八ドル）になる。

フランス艦一隻の要目は明らかではないが、アメリカ艦五隻は、合わせて、トン数五八三三bmトン、備砲数五七門、機関馬力五一二四ＩＨＰ、乗組員数八六一名である（元綱（二〇〇四）九四頁）。したがって、石炭消費量は、

石炭消費量 ＝ 3.5 lbs（1.59kg）× 5,124 IHP × 24時間 × 90日 ×（1/4）
　　　＝ 9,684,360 lbs（4,399,466kg）＝ 7,332,444斤

であり、石炭消費額は、二万八一〇五両（三万七四七四ドル）となる。また、糧食費は、

糧食費 ＝ 軍艦乗組員数861名 × 54ドル ×（3/12）＝ 11,624ドル

となる。したがって、石炭消費額と糧食費を合わせると、ほぼ五万ドル（四万九〇九八ドル）になる。

このように見ると、連合国艦隊の二回目の兵庫沖の軍事行動の費用（石炭消費額・糧食費）は、ほぼ一六万ドル（一五万八四三六ドル）になる。

仮定⑵ c　元治二年一月～明治元年一二月の（慶応三年の三か月を除く）期間

この期間については、「仮定⑵ c」において、外国軍艦数を一〇隻と仮定したが、ほぼ「平時」でもあり、また、外国軍艦も交代で日本に来航することから、軍艦を特定することはできない。そこで、先のアメリカ軍艦五隻の二倍をもって、この期間に相応するものと仮定する。すなわち、機関馬力一万二四八ＩＨＰ、乗組員数一七二二名である。機関馬力はともかくとして、乗組員数は、下関戦争に出たイギリス軍艦九隻の乗組員数二六五〇名、フランス軍艦三隻・オランダ軍艦四隻の七隻の乗組員数一八〇六名、兵庫沖に碇泊した（判明分の）イギリス軍艦七隻の乗組員数二〇二二名と比較すると、明らかに少ないが、平時であることや『勝海舟全集10　海軍歴史Ⅲ』に記載された（規模が小さい）幕府軍艦九隻の乗組員数等の合計が一四七八名であったことからすれば（三二〇―三四三頁）、ほぼ妥当な数であろう。

この期間を日数換算で「一一三八五日」と想定し、石炭消費量を計算すると、

石炭消費量 ＝ 3.5 lbs（1.59kg）× 10,248 IHP × 24時間 × 1,385日 ×（1/4）
＝ 298,063,080 lbs（135,405,799kg）＝ 225,676,332斤

となる。これまでと同様に、仮定⑹「一〇〇斤＝銀二三匁（〇・三八三三両）」に従って、金額換算すると、石炭消費額は、八六万五〇一七両（一一五万三三五六ドル）となる。また、糧食費は、

糧食費 ＝ 軍艦乗組員数1,722名 × 54ドル ×（1,385/365）＝ 352,845ドル

となる。

したがって、石炭消費額と糧食費を合わせると、ほぼ一五〇万ドル（一五〇万六二〇一ドル）になる。

仮定⑴　文久三年二月～明治元年一二月の全期間

以上を合計すると、この期間の外国軍艦補給費支出は、三〇四万ドル（三〇四万四五四四ドル）を超える。その内訳は、石炭消費額二一一万ドル（二一一万二四二七ドル）、糧食費九三万ドル（九三万二一一七ドル）である。また、石炭消費量は、五億四五九一万六八六七 lbs（二億四八〇〇万二二三三kg、四億一三三三万七〇五八斤）である。

6　商船補給費用

アメリカは、日米和親条約や日米修好通商条約等によって日本開国と通商の先鞭をつけたが、幕末の貿易においては、産業資本確立期のイギリスが圧倒的な地位を占めていた。

貿易収支は、すでに「表5―3　幕末貿易収支」に示した通りである。輸出入額の合計は、万延元（一八六〇）年

の六三七万ドルから慶応元（一八六五）年には三三六三万ドルとほぼ五倍の増加となっているが、これ以後の三年は、輸出入額合計は、三二三九～三五四四万ドル程度と安定的に推移している。貿易額の三分の二ほどを横浜が占めているので、石井孝（一九四四）のデータ（七〇―七二頁）から横浜・輸出入額合計を見ると、万延元年の四九〇万ドルから慶応元年には三〇三八万ドルと六・二倍の増加となっている。横浜の貿易相手国別シェアを見ると、当初は、アメリカが三二％ほどを占めていたが、南北戦争（一八六一～一八六五年）のために一・五三％まで落としたのに対して、イギリスは、アメリカのシェアを埋めるかのように、五五・三二％から八五・九三％までシェアを伸ばしている（英米両国を合わせたシェアは、八七・〇一％から八七・四六％でほとんど変化がない）。

貿易品の取引は、居留地の商館と日本の売込商・荷受商との間で行われ、貿易品は、外国商船によって運ばれてくる。万延元（一八六〇）年～明治元（一八六八）年の外国商船の横浜入港数[18]は、合計で一六三四隻（イギリス船九三八隻、アメリカ船三六九隻、その他三二七隻）である（洞（一九七七）一九頁）。アメリカ船は、万延元年には三五隻だったが、南北戦争のあおりで元治元（一八六四）年には一六隻に減少し、その終結とともに増加し、明治元年（慶応四年）には、一一四隻にまで増加している。なお、同時期の長崎入港数は、（一八六四年のデータが欠落しているが）合計で一六八五隻（六〇万三〇八二トン）であった（杉山（一九七八））。

外国商船の大きさの指標である「トン数」は、横浜では、九〇万二二七六トン（イギリス船四〇万四四九五トン、アメリカ船三三万九六〇六トン、その他一五万八一七五トン）であった（洞（一九七七）一九頁）。したがって、一隻当たりの平均トン数は、五五二トン（イギリス船四三一トン、アメリカ船九二〇トン、その他四八四トン）になる。下関攻撃時に日本周辺にいた蒸気軍艦平均のほぼ三分の一のトン数である。他方、長崎では、六〇万三〇八二トンであるが、一隻当たりでは三五八トンと、さらに小さい。これは、小規模な「帆船」の比率が高いことによる。

こうした状況も踏まえ、外国商船碇泊・補給費用は、次の仮定等に従って算出する。

(1)　外国商船の乗組員数・碇泊日数の詳細が不明であるので、糧食費については、算出しない。*The Daily Japan Herald*（一八六四年一一月一八日号と一一月二四日号）によれば、*Fear-not* 号は、一〇月二日に横浜に入港し、一一月一八日から二四日の間に出航しているが、*Augus* 号は、八月二一日に入港であるが、三か月以上も横浜に碇泊しているのである[19]。

(2)　上記の *The Daily Japan Herald* によれば、この間の横浜碇泊商船数は、二一隻（イギリス一六隻、アメリカ二隻、フランス二隻、オランダ一隻）であるが、蒸気商船は、五隻（すべてイギリス船）に過ぎない。蒸気船比率は、二三・八％（蒸気船の占める総トン比率は、二五・四％）であり、蒸気船の平均総トン数は、五三九トンと小さい。また、杉山（一九七八）が整理したデータでは、一八六八年の長崎の（イギリス船を除く）蒸気船比率は、四一％であり、平均総トン数は、一〇七一トンである（三五頁）。

(3)　*The Daily Japan Herald* の各号を整理すれば、横浜碇泊商船の蒸気船比率や総トン数のデータが得られるものと推察されるが、本章では、上記の(2)を参考にして、蒸気船比率を、一八六〇〜一八六四年＝二五％、一八六五年＝三〇％、一八六六年＝三三％、一八六七年＝三六％、一八六八年＝四〇％と仮定する。

(4)　外国商船の最終目的地は、ロンドンやリバプール等もあるが、日本を離岸した後の最初の寄港地は、中国と仮定する。

(5)　定期航路（蒸気船）の所要日数を、長崎〜上海で三日、横浜〜上海で四日、横浜〜香港で五日を想定し、日本から中国まで平均的な航海日数を四日と仮定する。

(6)　さらに、四日の航海のうち、石炭を所費する蒸気走を二日間、帆走を二日間と仮定する。すなわち、外国商船（蒸気船）は、二日分の石炭を搭載するものと仮定する。

(7)　P・O社の日本航路就航船のうち[20]、総トン数が一〇〇〇トン未満、機関馬力が一〇〇〇IHP未満の比較的小さな蒸気船の平均をとると、総トン数ほぼ七三〇トン、機関馬力ほぼ七〇〇IHPとなることから、外国商船（蒸気船）についても、総トン数七三〇トン、機関馬力七〇〇ＩＨＰを仮定する。

(8)　上記の石炭消費量は、外国軍艦と同様に、一時間一ＩＨＰ当たり三・五lbs（一・五九kg）を仮定する。

(9)　石炭価格は、外国軍艦と同様に、一〇〇斤＝銀二三匁（〇・三八三三両）を仮定する。

「仮定(3)」に従って、蒸気商船数を求めると、万延元（一八六〇）年～明治元（一八六八）年の横浜入港一六三四隻のうち、五二〇隻（三〇万一四五九トン）となる。長崎入港一六八五隻（一八六四年のデータ欠落）のうち、同じく五二〇隻（一八万九三〇二トン）となる。したがって、この期間の蒸気商船数は一〇四〇隻となる。

この蒸気商船一〇四〇隻の航海四日（蒸気走二日）の石炭消費量は、「仮定(6)～(8)」から

石炭消費量＝3.5 lbs（1.59kg）×700 IHP×24時間×2日×1,040隻

＝122,304,000 lbs（55,560,960kg）＝92,601,600斤

となる。これまでと同様に、「仮定(9)」の「一〇〇斤＝銀二三匁（〇・三八三三両）」に従って、金額換算すると、石炭消費額は、三五万四九四二両（四七万三二五六ドル）となる。

7　定期航路就航船補給費用

蒸気船による貨客輸送は、石炭補給の確保や石炭価格の制約のために、特定の郵便・旅客輸送を除き、限定的であった（横井（一九八八）一七二―一八〇頁）。先述のイギリスのＰ・Ｏ社は、郵便補助金を受け定期蒸気船を運航していたが、蒸気船を武装する義務を有し、有事の際には、兵力輸送、石炭・水の補給のほか、病院船の役割も期待されていたのである。一八六九年のスエズ運河開通以前は、イギリスのＢ・Ｉ社（British India Steam Navigation

Company)、フランス帝国郵船（ＭＩ社)、オランダ・インド汽船会社もほぼ同様であり、アジアの海運は、この四社の独占状態にあった（実質的は、イギリス海運の圧倒的支配下にあった)。

日本との関係では、Ｐ・Ｏ社が一八五九年に上海～長崎の（不定期）航路を、一八六三年には上海～長崎～横浜定期航路を開設し、一八六五年にはＭＩ社も、上海～横浜間の定期航路を開設している。[21] さらに、一八六七年には、アメリカ太平洋郵船（ＰＭ社）によってサンフランシスコ～横浜～香港の定期航路が開設されているのである。

こうした状況も踏まえ、定期航路就航船補給費用は、次の仮定等に従って算出する（元綱（二〇〇四）一四四―一五三頁の蒸気船データ・年表等を参考にして、種々の仮定を設定した。以下、参照ページ等は省略する)。

(1)　定期航路就航船の碇泊期間は、三か月程度碇泊する外国商船とは異なり、数日（場合によっては一日）に過ぎないこと、また、乗客数・乗組員数が不明であるので、糧食費については、算出しない。

(2)　Ｐ・Ｏ社（一八五九年）　九月三日（安政六年八月七日)、Ｐ・Ｏ社によって、上海～長崎の（不定期）航路が開設された。片道の所要日数を三日、「蒸気走」を一・五日と仮定する。年末まで六往復したので、累計で九日分の石炭消費を仮定する。

(3)　Ｐ・Ｏ社（一八六〇～一八六三年上半期）　一月六日（安政六年一二月一四日)、Ｐ・Ｏ社の上記の航路が、長崎～横浜に延長された。上海～横浜の直行の所要日数は四日と想定されるが、長崎～横浜～長崎～上海の石炭補給を日本において行うことを想定し、蒸気走を三日と仮定する。さらに、月一往復を仮定し、この期間の累計で一二六日分の石炭消費を仮定する。

(4)　Ｐ・Ｏ社（一八六三年下半期～一八六八年）　Ｐ・Ｏ社の上記の航路が、月二回配船の定期航路になったことから、上と同様に、蒸気走三日、月二往復、この期間の累計で三九六日分の石炭消費を仮定する。

(5)　以上から、Ｐ・Ｏ社の蒸気船の石炭消費日数は、五三一日となる。Ｐ・Ｏ社の日本航路就航船一一隻の平均は、九二一・七トン、機関馬力八七一・九ＩＨＰであることから、Ｐ・Ｏ社の石炭消費量の計算においては、機関馬力八七一・九ＩＨＰを仮定する。

(6)　ＭＩ社（一八六五年九月～一八六八年）フランス帝国郵船（ＭＩ社）も、月一回の「直行」の上海～横浜間の定期航路を開設している。所要日数は四日と想定されるので、蒸気走二日、累計で八〇日分の石炭消費を仮定する。

(7)　ＭＩ社の日本航路就航船七隻の平均は、一六一六・一トンである。機関馬力は、公称馬力ＮＨＰの三倍をＩＨＰとして換算すると、一一一五・七ＩＨＰとなることから、石炭消費量の計算においては、機関馬力一一五・七ＩＨＰを仮定する。

(8)　ＰＭ社（一八六七～一八六八年）一八六七年一月一日、アメリカ太平洋郵船（ＰＭ社）のコロラド号がサンフランシスコを出港し、二四日に横浜に入港した。一日だけの碇泊の後、三〇日に香港に入港している。ＰＭ社の太平洋航路就航船は、（ハワイに寄港せず）太平洋上での石炭補給もしないことから、どの船舶も、石炭積載量が一五〇〇トンもあり、また、総トン数四〇〇〇トン前後、機関馬力一五〇〇ＩＨＰと大きかった。石炭については、横浜～サンフランシスコ間の石炭及び横浜～香港間の石炭を横浜で積載するものとし、合計で一五〇〇トンの積載量を仮定する。月一回の定期航路であったので、この二年間で三万六〇〇〇トンの石炭消費を仮定する。

(9)　ＰＭ社（一八六八年）ＰＭ社は、一月に日本近海航路（横浜～神戸～長崎～上海）を開設している。横浜～上海を八日間での航海であったが、Ｐ・Ｏ社と同様に、蒸気走を三日と仮定するとともに、（後に月四回の就航になるが）本章では、月二往復とし、累計で七二日分の石炭消費を仮定する。さらに、機関馬力は、上と同様に、一五〇〇ＩＨＰを仮定する。

(10)　上記の石炭消費量は、これまでと同様に、一時間一ＩＨＰ当たり三・五lbs（一・五九kg）を仮定する。

⑾　石炭価格についても、これまでと同様に、一〇〇斤＝銀一三匁（〇・三八三三両）を仮定する。

これらの仮定に従って、定期航路就航船の石炭消費量を求める。まず、P・O社は、

石炭消費量 ＝ 3.5 lbs（1.59kg）× 871.9 IHP × 24時間 × 531日

＝38,890,228 lbs（17,667,275kg）＝ 29,445,458斤

となる。石炭価格は、これまでと同様である。「仮定⑾」の「一〇〇斤＝銀一三匁（〇・三八三三両）」に従って金額換算すると、石炭消費額は、一一万二八六四両（一五万四八六ドル）となる。

ＭＩ社の石炭消費量は、

石炭消費量 ＝ 3.5 lbs（1.59kg）× 1115.7 IHP × 24時間 × 80日

＝ 7,497,504 lbs（3,406,009kg）＝ 5,676,682斤

となる。金額換算すると、石炭消費額は、二万一七五九両（二万九〇一二ドル）となる。

ＰＭ社の太平洋航路の石炭消費量は、すでに仮定したように、三万六〇〇〇トン（三六〇〇万kg）である。これは、六〇〇〇万斤に相当とすることから、金額表示では、二二万九九八〇両（三〇万六六四〇ドル）となる。また、日本近海航路は、

石炭消費量 ＝ 3.5 lbs（1.59kg）× 1500 IHP × 24時間 × 72日

＝ 9,072,000 lbs（4,121,280kg）＝ 6,868,800斤

となる。金額換算すると、石炭消費額は、二万六三二八両（三万五一〇四ドル）となる

以上から、P・O社、MI社及びPM社の石炭消費量の合計は、六一一九万四五六四kg（一億一九九万九四〇斤）、その金額は、三九万九三一両（五二万二四二ドル）となる。

なお、*The Daily Japan Herald*（一八六七年八月一九日号）に掲載されたアメリカ太平洋郵船（PM社）の「新聞広告」によると、サンフランシスコまでの乗船料（大人）は、「一等二五〇ドル、二等一七〇ドル、steerage（三等）八五ドル」となっている。客室定員は、「一等二五〇人、スティアリッジ（steerage）一二〇〇人」である（元綱（二〇〇四）一五二頁）。

8　産炭量と外国軍艦・商船・定期航路就航船の石炭消費量

以上のことから、外国軍艦・商船・定期航路就航船の石炭消費量は、合わせて、三六万五〇〇〇トン（三億六四七五万七七五七kg）・六億斤（六億七九二万九五九八斤）、また、その金額は、三一〇万ドル（三一〇万六九二五ドル）に達する。この節では、幕末の日本においてこの三三〇万ドル・三六万トン超の石炭供給が可能であったか否かを簡単に検討する。

そもそも、ペリー来航の目的は、①太平洋航路の確立、②石炭の確保、③アメリカ漂流民の保護、④アメリカ捕鯨船の保護にあったことから、嘉永六（一八五三）年の第一次浦賀来航の際、ペリーは、那覇を出航し小笠原諸島に立ち寄り、（日本で産炭がない場合に備えて）石炭状況を調査しているのである。日本の石炭需要は、このペリー来航を契機に急増している。有田（一九六九）に従えば、ペリー来航二年後の安政二（一八五五）年には、佐賀藩が石炭五六一八万斤（高島炭四一六六万斤、香焼炭一四四〇万斤、その他一二万斤）を長崎経由で外国に輸出するに至っている。[22] 九州の石炭は、当初は家庭用燃料であったが、鍛冶用、瀬戸内の塩田用と広がっていたのである。ペリー来航後は、各国との和親条約も結ばれ、国内的にも「外国船の来航がひんぱんになり、外国船の船舶用炭の需要が拡大した」（有田（一九六九）七一頁）のである。

外国軍艦、特にイギリス軍艦は、中国・日本ステーションに所属することから、もっぱら中国で石炭補給をする可能性も考えられるので、まず、これについて簡単に検討する。この時期のアジアの石炭市場について、杉山（一九七八）（一九八二）に従って整理すると次のようになる。イギリス海軍や汽船会社にとっては、石炭とその補給地の確保が重大な問題であったことから、P・O社は、東アジアへの石炭補給のために年平均一七〇隻の帆船をチャーターしていたのである。しかも、イギリスの船舶用燃料炭は、一八六九年のスエズ運河開通以前には、南アフリカ・喜望峰回りでアジアへ輸送しなければならなかったのである。東アジア貿易の拡大とともに、船舶用燃料炭の需要が増加し、上海、香港、シンガポールがアジアの主要な石炭輸入港となっていたのである。アジア石炭市場は、イギリス炭とオーストラリア炭に依存していたが、一八六五（慶応元）年頃から上海市場への日本炭の輸出が増加し始める。上海市場での日本からの石炭輸入は、一八六六年が九三七三トン（上海輸入石炭の六・七％）、一八六七年が二万二五二三トン（同二〇・二％）、一八六八年が一万五三四四トン（同九・五％）であった[23]。イギリスからの輸入炭は、価格の六八％を輸送費が占めており、地理的条件から日本炭は安価で供給可能であったのである。日本炭の中でも、前述の高島炭は、最上のイングランド炭やウエールズ炭に匹敵するほどの高品質であったことから、船舶用燃料炭として、中国からロンドンに向かう快速蒸気船にも使われていたのである。このように日本炭は、高品質で安価であることが評価され、一八六〇年代後半からは、イギリス炭、オーストラリア炭と競合するようになる。さらに、一八七〇年代前半には上海市場からイギリス炭・オーストラリア炭を駆逐し、上海の石炭市場価格は、日本炭価格に連動するようになる。

ここで、日本のデータから外国軍艦等への供給制約の可否を検討する。隅谷（二〇〇三）によれば、慶応二（一八六六）年が二三三二七・七万斤（一・四万トン）、慶応三（一八六七）年が三三四二一・三万斤（二万トン）の石炭輸出である。しかも、この数字は狭義の輸出であり、「航海用の石炭補給が含まれていない」（一〇二頁）とし、これを勘案すると、「開港以後、維新初年に至る外国艦船への積込炭は、輸出を含めて七万～八万トンはくだらなかったと見なして大過ないであろう」（一〇四頁）としている。この表現は、狭義の輸出を一～二万トンと仮定すれば、外国軍艦・商船等への積込炭は年五～七万トン、すなわち、年八三三三～一億一六六七万斤となることを示唆している。本章で推計した外国軍艦・商船・定期航路就航船の石炭消費量は、ほぼ一〇年間で三六万五〇〇〇トン（ほぼ六億斤）、したがって年平均では三万六五〇〇トン（ほぼ六〇〇〇万斤）程度であり、隅谷（二〇〇三）の範囲内に収まっている。

さらに、隅谷（二〇〇三）は、幕末維新期の石炭需給を考察している。すなわち、石炭需要を四〇万トン（うち、塩浜用二五～三〇万トン、外国船用（輸出を含む）七～八万トン、（幕府・諸藩の蒸気軍船等の）軍事用六万トン）と推定し、筑豊（豊前を含む）一億斤、肥前二億斤、三池（平野山を含む）約六万トン等の産炭から判断して、「最小限四〇万トンの生産を推定することは可能である」としているのである（一〇四―一〇五頁）。

実は、杉山（一九七八）（一九八二）や隅谷（二〇〇三）らの先行研究では、まったく言及されていないが、横浜での外国船用の燃料炭としては、常磐炭も重要であるので、これに少し言及する（出所は、『横浜市史 補巻』一六七―一六九頁）。横浜では、安政六（一八五九）年に外国船へ常磐炭（白水炭、いわき市内郷）が供給されている。この年の三月～万延元（一八六〇）年八月までの間に、二万五〇〇〇俵（一俵＝一六貫目＝一〇〇斤換算で、二五〇万斤）であった。また、文久三（一八六三）年には、横浜の売込商（石炭商）の明石屋は、常磐炭四万一〇二九俵を仕入れ、二万三三五七俵を六六五五両二分余で販売している。最大の取引先は、幕府軍艦操練所であり、八一七〇俵（三四・九八％）を納入している。外国商館・外国軍艦等には、合わせて九六三〇俵（四一・二三％）の納入であった。この内訳は、イギリス商館の九一番へ四二〇七俵、二八番へ一三六五俵、五番へ一一九七俵のほか、フランス軍艦へ四九五俵、アメリカ領事館へ一九俵等である。この年の横浜からの石炭輸出は、一四二ピクル（一ピクル＝一俵＝一六貫目なので、一万四二〇〇斤）に過ぎなかったから、売込商（石炭商）の明石屋からイギリス商館へ販売された石炭の大部分は、イギリス商館の手を経て、横浜寄港船へ販売されたことになる。

本論に戻ると、本章での外国軍艦・商船・定期航路就航船の石炭消費量三六・五万トン（ほぼ六億斤）は、一見すると過大に見えるが、石炭消費量は、このように先行研究の推計量の範囲内であり、特段、問題はないので、次に、石炭消費額を三一〇万ドルとする推定金額について検討する。議論の中心は、石炭価格の妥当性である。

本章では、『勝海舟全集10　海軍歴史Ⅲ』の記載（慶応三年一〇月の幕府海軍の予算申請書）に基づいて、「石炭一〇〇斤＝銀二三匁（〇・三八三三両）」と仮定したが、これを、領事館・軍艦等の運上所における交換レート「一ドル＝銀三分（銀四五匁）」によって換算すると、「石炭一〇〇斤＝〇・五一一一ドル」になる。すなわち、「石炭一トン＝八・五一八ドル（一英トン＝八・六五四ドル）」になる。杉山（一九七八）に採録されたデータ（三四頁の第5表）から、石炭輸出価格を計算すると、一八五九年四・九二ドル、一八六三年四・三〇ドルである。一八六五〜一八六八年は、データとして計上された石炭輸出量と輸出額の変動がともに大きく、単年度の単価も大きく変動する。そこで、年平均でこれを求めると、九・一ドル（石炭輸出量四年合計一〇・七万トン余と輸出額合計九七・五万ドル余）となる。

他方、売込商（石炭商）・明石屋が共同経営している石炭山での（一俵当たりの）文久三年の採炭原価は、銀五匁〜五匁五分であるが、運賃（常磐炭田から横浜）が銀四匁三分、諸経費が銀一匁かかることから、石炭原価は、銀一〇匁三分〜一〇匁八分となる（『横浜市史　補巻』一六八―一六九頁）。他の炭田からの仕入れ原価は、一一匁九分八厘である。他方、平均の販売単価は、先述のように二万三三五七俵を六六五五両二分余で販売しているので、一六匁八分二厘五毛になる。なかでも、幕府軍艦操練所へは、良質な石炭を納入しているためか、販売単価は、銀一九・五匁（三件）、一八・五匁（二件）、一七・五匁（一件）と高めであるが、（一俵＝一〇〇斤なので）いずれをとっても、『海軍歴史Ⅲ』に記載された慶応三年の二三匁には達していない（最高値の一九・五匁で八五％水準、平均の一六匁八分二厘五毛で七三％である）。

さらに、*The Japan Herald*（一八六二年一月四日号）の横浜市場の「輸出欄」に掲載された（前日の）石炭価格は、一トン当たり八・五ドルであった。これは、『海軍歴史Ⅲ』の二三匁にほぼ等しい値である。ところが、この同じ日の英字新聞が報じた長崎の石炭価格（前年一二月三〇日の市況）は、「Coals 4.50, quality improving」と横浜のほぼ半値となっている。そして、半年後には、横浜でも一トン当たり六・五～七・〇ドルまで石炭価格が下落し、この価格が年末まで続く。八・五ドルを回復したのは、外国軍艦が横浜に碇泊する直前の翌年一月になってからである（六月七日号、一二月二〇日号、一八六三年一月二五日号）。先に一八六五～一八六八年平均の長崎の石炭輸出単価は一トン当たり九・一ドルと述べたが、この時期には、横浜の石炭輸出価格も、九・〇～一〇・〇ドルに上がっているのである（*The Daily Japan Herald*（一八六五年一月一四日号））。

このように、長崎と横浜では、石炭市況（価格動向）も異なる。上の断片的な資料からは、次のストーリーが示唆されることになる。すなわち、一八五九～一八六二年（あるいは一八六三年）においては、豊富な石炭産地を背後に控えた長崎が安価であったが、一八六三年からは外国軍艦が横浜に碇泊したことから日本国内の石炭価格が上がり始める。一八六五年以降は、上海・香港の石炭市場との関連で、長崎の石炭輸出価格も上昇するようになる。石炭の輸出価格と日本国内での外国船への石炭供給価格では、大きな差異はないから、本章において設けた計算の仮定（『海軍歴史Ⅲ』記載の「石炭一〇〇斤＝銀二三匁」、換算すると「石炭一トン＝八・五一八ドル」）は、横浜では、一八六二年頃を除き、ほぼ妥当するものと思われる（一八六五年以降は、これよりも高い）。長崎の一八五九～一八六二年（あるいは一八六三年）は、これよりも安価であることから、この分、本章の推計も、いくぶん、過大になっているものと思われる。

9　居留地の産業と建設・設備投資

幕末の主要輸出品は、生糸、茶、蚕卵紙であったが、この中で、茶は、居留地における茶再製作業を経て輸出されたので、本節では、茶再製場を中心にして居留地の産業等に言及する。

横浜では、開港翌年の一八六〇年には、複数の外国人商人によって「茶再製場建設」が進められ、ジャーディン・マセソン商会も、一八六二年の新茶の季節に間に合うように、その前年から自らの茶再製場建設を進めていたのである（『横浜市史 補巻』八二頁）。この茶再製場とは、輸出用として長期保存ができるように茶を煎じ直すとともに、ブレンドや着色加工する工場である。横浜居留地には、いくつかの茶再製場があり、横浜開港資料館（編）（一九九八）六二頁にも、その写真が掲載されている。

長崎では、グラバー商会が、一八六一年八月二九日から茶再製作業を開始しており、翌年六月までには、二つの大規模な茶再製場を建設しているのである（『横浜市史 補巻』八二、八六頁）。その後、慶応元（一八六五）年までに、長崎にはいくつかの茶再製場がつくられる。長崎の「文久二年〜慶応元年」の居留地台帳の中に、大浦一九番に「英オールト茶製所建罷在候」、三三番に「英ゼームスレー・ゴロウル茶製所造作中」「甲デント借地、英ロイス茶製所」の記載があることが[24]、これを示している（菱谷（一九八八）六四三頁）。このゴロウルは、「グラバー」のことである[25]。

また、ウォルシュ・ホール商会（亜米一商会）も、慶応二（一八六六）年までには、長崎に茶再製場をつくっているのである（権田（二〇一〇））。拙著『海舟日記に見る幕末維新のアメリカ留学』（日本評論社、二〇一八年）で紹介したように、勝海舟は、慶応四（一八六八）年一月二九日、横浜・山下地区二番の「ウォルシュ・ホール商会」を通して、アメリカ留学中の小鹿（海舟長男）・富田鐵之助・高木三郎に対して二三〇〇両を送金する。この「ウォルシュ・ホール商会」は、もともとは、アメリカ人貿易商のT・G・ウォルシュとその弟J・G・ウォルシュが、長崎でウォルシュ商会を設立したことに始まり、ホールとの共同経営により、一八六二年五月、社名を変更したものである。弟J・G・ウォルシュは、ウォルシュ商会（長崎）の経営を継続することを条件に、初代の長崎領事を無償で引き受けていたが、慶応二（一八六六）年には、長崎居留地（大浦）に六〇〇坪余の茶再製場をつくったのである（権田（二〇一〇））。

慶応三年には、グラバー商会が大浦一五番（五六一坪）、二一番（六一四坪）、二八番（四九三・五坪）に、オールト商会が、これらに隣接する一九番・二〇番（ともに六一四坪）に、ウォルシュ商会が二六番A（六四八坪）に、さらにマルトビー商会も二三番（六一四坪）に茶再製場を建設し操業するようになり、（長崎居留地の）裏通りには、桁行二二〜三五メートルの二階建て漆喰塗りの建物、桁行一四〜二四メートル平屋建ての茶再製場（木造ほか）、桁行一〇メートル前後の倉庫（石造ほか）が建ち並んでいたのである（水田（二〇〇九）一一五五—一一五九頁）。

次に茶再製場以外の産業としては、[26]慶応二（一八六六）年に、リズレーがアメリカから乳牛を搬入し、横浜・山手地区に牧場を開いているが、その後、横浜・山手地区の開発とともに、西洋野菜の栽培場や牛と豚の飼育場、搾乳場などがつくられるとともに、ビール醸造や製氷・清涼飲料水の製造も行われるようになっている（横浜開港資料館（編）（一九九八）五二、一二二頁）。

このように居留地では、産業活動の進展とともに、建築物も増加していった。その多くに国産の建築資材が使用されたと思われるので、この建築費（建設投資）を算出しなければならない。ほとんどの場合、建築単価等が不明であるが、概算はすでに算出済みである。すなわち、神奈川地所規則や長崎地所規則によって、居留地の借地人は、「海岸通りの地所で敷地一〇〇坪に付き一五〇ドル以上、裏手の地所で同じく五〇ドル以上」の建物の建築を求められていたことから、借地面積に対応した商館・住宅の建築費を計算しているのである。さらに、この値が過少推計であることから、海舟日記の記述や英公使館の例を参考にして、この「二五倍の値」を、本章第3節においてすでに計上済みである。

産業用施設・工場等の建築単価は、居留地の住宅建築単価よりも低いと思われるが、工場設備にも費用を要する。上の推計値を「工場設備を含む建築費」と想定し、ここでは推定値を調整することはしない(27)。

10　居留地からの支払額

以上の分析から、一八五九（安政六）年〜一八六八（明治元）年において居留地から日本側に支払われた総額は、次のように整理することができる。すなわち、

(1)　消費支出額　一二五万一三一五ドル（藤野推計と同額）
(2)　居留地借地料・建物賃借料支出額　三三万四八二三ドル
(3)　居留地建築費支出額（建設投資額）　五一五万一四〇〇ドル（工場等を含む）
(4)　外国軍駐屯費支出額　三五万一二四八ドル
(5)　外国軍艦補給費支出額　三〇四万四五四四ドル
(6)　外国商船補給費支出額　四七万三三五六ドル
(7)　定期航路就航船補給費支出額　五二万一二四二ドル
(8)　その他　一九万八九〇〇ドル
(9)　計　一一三一万六七二八ドル

である。このように合わせて、「一一三一万六七二八ドル」に達する。一ドルの重さを六・一六匁とすれば、重量換算では、「六九七一万一〇四四匁」となる。なお、外国商船や定期船の船員・乗客の「糧食費」が算入されてい

ないことから、「外国商船補給費支出額四七万三二五六ドル」と「定期航路就航船補給費支出額五二万一二四二ドル」の二〇%を概数とした。これが、「その他一九万八九〇〇ドル」である。

(1) 個別案件については、『横浜市史 第三巻下』七七五―七九五頁を参照のこと。

(2) しかしながら、合計値については、「山下」が「地坪・一一万四〇四八坪五合五勺、借地料・三万一五二一ドル三八セント」、「山手」が「地坪・二二万八五三六坪八合五勺、借地料・二万四九〇八ドル五九セント」と記載されており、個別集計した表6―1とは、差異が生じている(「外国人貸地取調概表」の合計値は「(貸借契約が解除され)返地」を含む数値の可能性がある)。なお、『横浜市史 第三巻下』の七九七頁や横浜開港資料館(編)(一九九八)の一一一、一一七頁では、「地坪」が、それぞれ、「総坪一一万四〇四八・二五坪」と「総坪二三万八五三六・八五坪」と記載されている。これらは、もと史料からの「転記ミス」であると思われる。

(3) 一八六三年の神奈川領事ウィンチェスターの報告書は、*Commercial Reports received at the Foreign Office from Her Majesty's Consuls between July 1, 1863 and June 30, 1864* の pp.157-171に採録されている。この報告書の横浜居留地の借地料は、一八六二年のものである(p.162)。洞(一九七七)の「第2表 文久三年の横浜外国居留民」には、借地料も記載されているが、何の注記もないので、文久三(一八六三)年の借地料を記載したものとの誤解を招きかねない。

(4) 『横浜市史 第三巻下』七九一頁による。『横浜市史稿 政治編2』には、慶応元年五月二日(一八六五年五月二六日)に調印された「屠牛場規則書」が採録されている(五五三―五五八頁)。

(5) 長崎の「山手」地区は道路等として三割減された額からさらに二割減である(菱谷(一九八八)六二―六三頁)。

(6) 「山手」の英仏軍施設用地の記載は、横浜開港資料館(編)(一九九三)二六二―二六三頁による。なお、この三年後の慶応三年には、「山下居留地」に隣接する「日本人町」から出火し、「山下居留地」の一～四番、六～八番、二一～二九番、三一番、四〇～五三番、七〇～七一番、八九番等の建物も焼失し、耐火構造建築に建て替えられている(横浜開港資料館(編)(一九九八)二四頁)。

(7) 横浜の地上の留守部隊は、前述のように一五〇〇名余と思われるが、横浜から下関攻撃に参加した後の数か月間、横浜に駐屯したと想定されるイギリス海兵隊五〇〇名・工兵隊一〇名とフランス海兵隊三〇〇名を含む数である。保谷（二〇一〇）では、横浜防衛には、アメリカ軍二〇〇名が動員され、英仏米軍あわせて二〇三一名が動員され、さらに長崎防衛にも、イギリス軍二七五名が動員されたとしている（二〇五頁）。アメリカ軍や長崎のイギリス軍は、軍艦乗り組みの海兵隊員と想定されるので、後に取り上げる。

(8) なお、上で述べたように、留守部隊は一五〇〇名余と思われるが、イギリス駐屯軍は、下関戦争の勝利を祝い、元治元年九月二〇日に一一八九名の大閲兵式（幕府兵も約二〇〇〇名参加）を行っている（『横浜市史 第二巻』八〇八頁及び横浜開港資料館（編）（一九九三）二六四頁）。

(9) 〈ケース3〉においては、インド・ボンベイから軍団を輸送することを想定しているために、輸送経費の問題も重要視されていたのである。中国遠征のデータに基づいた一万五〇〇〇人余（歩兵・工兵一万二〇〇〇名、騎兵五〇〇名、砲兵六七五名、人夫二〇〇〇名）の輸送想定では、月一〇万ポンドと算出されたのである。輸送経費の一〇万ポンドは、幕府から受け取った賠償金一一万ポンド（四四万ドル）にほぼ匹敵する金額であった。

(10) 洞（一九七七）六一頁及び横浜開港資料館（編）（一九九三）二六三頁による。ただし、『横浜市史 第二巻』八〇三頁では、これを「一〇月上旬」としている。

(11) 『横浜市史 第二巻』八〇七頁による。

横浜で発行された英字新聞の *The Daily Japan Herald*（一八六四年一一月一八日号）によれば、当時（元治元年一一月）、横浜には、イギリス艦一三隻（うち下関戦争出艦七隻）、フランス艦一隻（下関戦争出艦一隻）、オランダ艦三隻（下関戦争出艦三隻）、アメリカ艦一隻（帆船軍艦ジョージタウン）の計一八隻である（ただし、下関戦争に出た軍艦名・軍艦数は、元綱（二〇〇四）八二—八六頁から特定した）。

(12) イギリス海軍の軍艦数のデータ及び以下のコメントは、横井（一九八八）一五三—一五九頁による。イギリス海軍において、一八二〇年にアジア水域を管轄する部署として東インドステーションが創設されたが、一八五九年にはここからオーストラリアステーションが分離され、さらに一八六四年には東インドステーションと中国・日本ステーションに分割された。

(13) 元綱（二〇〇四）二〇二頁による。

(14) 保谷（二〇一〇）によれば、イギリスは軍艦九隻のほかに、通報艦 Despatch Vessel・石炭輸送艦などをともない、フランス軍艦三隻も通報艦をともなっていた（一九三頁）。

(15) 元綱（二〇〇四）八五—八六頁に掲載されたデータによるが、フランス一隻とオランダ二隻については、数値不明とされているので、備砲門数を除き、合計値から除外している。なお、『横浜市史 第二巻』によれば、英艦九隻（砲一六四門・陸戦隊五〇〇名・総員二八五〇名）、仏艦三隻（砲六四門・兵員一一五五名）、蘭艦四隻（砲五六

門・兵員九五一名)、米仮装艦一隻(砲四門・兵員五八名)、合計一七隻(砲二八八門・兵員五〇一四名)である(八〇六頁)。

(16) アメリカ武装商船ターキャンは、下関戦争後に横浜において一万ドルで幕府に売却され、「大江丸」と改名されたが(『海軍歴史Ⅲ』三〇〇頁)、その後、箱館においてアメリカ人に売却され、アメリカ商船ペイホー号となったのである(元綱(二〇〇四)八七頁)。この「大江丸」については、すでに拙著『海舟日記に見る幕末維新のアメリカ留学』で紹介した。海舟日記の慶応四年閏四月二三日条に記載されているように、海舟が仙台藩江戸留守居役大童信太夫に対して大江丸を二万三〇〇〇両で、また黒龍丸を三万両で売却する交渉をしていたのである。翌日の日記の上欄には、二隻の売却金を「米」で受け取る予定とのメモ書きもあったのである。ところが、元綱(二〇〇四)によれば、大江丸は、幕府が仙台藩に貸与していた運送船であり、榎本艦隊が、同年(明治元年)一一月に松島湾に碇泊していた大江丸を押収し、艦隊に加えたというのである(一二六頁)。

(17) イギリス軍艦の乗組員数は、『横浜市史 第二巻』や保谷(二〇一〇)では二八五〇名とされている。

(18) 『横浜市史 第二巻』の横浜港入港数は、一八六〇〜一八六七年の合計で一二四五隻である(五六七頁)。これに洞データの一八六八年の三九四隻を加算すると、五隻の差異になる。また、山口和雄(一九四三)にも、横浜の外国船入港数・輸出入額が掲載されているが、複数の欠落年がある(二五―三〇頁)。

(19) *The Daily Japan Herald* の前身の英字新聞 *The Japan Herald*(一八六二年一月四日号、四月二六日号、六月一四日号、九月六日号の各号)によれば、アメリカの蒸気商船セントルイス号(七〇〇トン)は、ウォルシュ商会の荷を積載して、上海を出港し一八六一年一二月一三日、横浜に入港している。四か月碇泊の後、四月二〇日、横浜を出港し、長崎経由で上海に向かっている。その後、再び六月一二日に横浜に入港し、ほぼ三か月後の九月三日、出港している。

(20) データは、元綱(二〇〇四)一四六頁による。

(21) 元綱(二〇〇四)一四五頁による。なお、横浜開港資料館(編)(一九九三)の年表では、上海〜横浜の定期航路開設は一八六四年になっている(一二二頁)。

(22) 杉山(一九七八)によれば、高島炭は、一八六〇年からジャーディン・マセソン商会の委託を受けたグラバー商会が長崎から上海に輸出していたのである。

(23) 石井孝(一九四四)一九四頁によれば、蒸気軍艦・蒸気商船の動力源となる「石炭」は、北九州産ということもあり、多くは長崎港から輸出された(慶応元年はすべて長崎港積み出しであり、慶応二年の石炭輸出額二六万二六二四ドル(三万六一七〇トン)の八〇%以上が長崎港積み出しである)。なお、山口和雄(一九四三)四八頁では、慶応三年の石炭輸出額は、九万三八八〇両(三三四二万三二一三斤)である。

(24)「ゴロウル茶製所」と「オールト茶製所」は、後に「リンガー茶製所」に吸収されることになる。なお、幕末の日本の主たる輸出品のうち、「生糸」は、ほとんどが横浜港から積み出されたが、「茶」は、横浜港からの積み出しが七割、長崎港は三割であった（石井孝（一九四四）一九一頁）。

(25) グラバーの日本でのカタカナ表記は、「ゴロウル」「ガラバ」「グラバ」と変わっている（菱谷（一九八八）六五八頁）。

(26) 明治になってからではあるが、横浜居留地では、薄荷（はっか）の精製工場、生糸の荷造り場、百合根の梱包場がつくられ、多数の日本人が働くようになる。

(27) 例えば、茶再製場には、四〇〇〜五〇〇基の鍋とこれに対応するレンガ造りの竈や茶再製装置も必要である（水田（二〇〇八）（二〇〇九））。レンガ造りの竈等は、工場設備であり、居留地の（日本側への）支払いとして計上する必要がある。一方、茶再製装置（一台一三〇ドル）は、居留地と外国（上海）との取引であり、本章の分析目的からすれば、計上する必要がない。

第7章　金貨流出額の推計とキャリブレーション

1　金貨流出額の推計

これまでの分析に基づいて、安政六（一八五九）年～万延元（一八六〇）年にかけて起こった金貨流出額を推計してみよう。推計にあたっては、基本的には、藤野（一九九四）が導入した方法を踏襲するが、本書では、新たに「居留地経済」を導入したことにより、次のように修正される。すなわち、

一八六九年の銀数量 ＝ 一八五八年の銀数量 ＋ 国際収支等の収入超過による洋銀受取量
＋ 居留地経済からの洋銀受取量
＋ 金貨購入を目的とした洋銀の流入量 ＋ 国内銀生産量　　(A)

である。

第5章では、一八五八（安政五）年と一八六九（明治二）年の金銀貨在高データと「徳川氏貨幣鋳造一覧表」の金銀貨の量目・品位から、この両年の金銀数量を計算し、表5―2として整理している。すなわち、一八五八年の銀数量＝三億一三七二万一二三二匁、一八六九年の銀数量＝五億九九六三万二五八〇匁、したがって、この間に銀

数量は、二億八五九一万一三四八匁も増加しているのである。

一八五九（安政六）年から一八六八（明治元）年までの貿易収支は、表5―3及び表7―1の通りである。この一〇年間の貿易収支差額は、一七二七万五一九〇ドルの受取超過である。「一ドル＝銀六・一六匁」換算を行うと、一億六四一万五一七〇匁になる。

貿易収支以外の国際収支項目・関連項目としては、「関税収入」「賠償金支払」「日本人の外国での支出」「その他」が挙げられる。国際収支関連項目の「関税収入（受取）」は、すでに述べたように、藤野推計と同額の四四二万八八八〇ドル（二七二八万一九〇一匁）である。

「賠償金支払」については、東禅寺事件・生麦事件の五四万ドルは洋銀払いであるが、下関戦争の一五〇万ドルは、「万延二分判金」と「一分銀」とによって支払われたと想定したことから、合わせて賠償金二〇四万ドルは、匁換算すると、金一八万一七九九匁・銀七九六万一一三四匁であった。

「日本人の外国での支出（支払）」は、幕末の欧米への留学生や派遣使節に関わる海外滞在費用である。第5章第2節で述べたように、藤野推計と同額の六二万九〇〇〇ドル（重量換算三八七万四六四〇匁）である。

「その他」は、第5章第2節で分析したように、借入利息の支払い七二〇〇ドルと広島藩の軍艦購入未済額三万六〇〇〇ドルである。後者は、すでにこの金額が輸入額として計上されていることから、「資本収支（受取）三万六〇〇〇ドル」（あるいは「金融収支（その他投資）三万六〇〇〇ドル」）としてキャンセル・アウトする必要があるためである。したがって、「その他（受取）」は、二万八八〇〇ドル（一七万七四〇八匁）となる。

したがって、貿易収支以外の国際収支項目・関連項目の合計は、「銀一五六二万三五三五匁の受取超過」である（ただし、賠償金として「金一八万一七九九匁の支払い」が必要である）。

さらに、「居留地経済からの洋銀受取額（量）」は、第6章の最後に整理したように、一一三一万六七二八ドル（六九七一万一〇四四匁）であるが、この中には、藤野推計の「居留地での外国人消費額」も含まれている。

「国内銀産量」は、第5章第2節で検討したように、七九〇〇貫（七九〇万匁）である。

これらの値を(A)式に代入し、金貨購入を目的とした洋銀の流入額を求めると、

金貨購入を目的とした洋銀の流入量
＝285,911,348匁－（106,415,170匁＋15,623,535匁）－69,711,044匁 － 7,900,000匁
＝86,261,599匁

となる。これまでの換算では、「一ドル＝六・一六匁」で重量換算してきたので、上の洋銀流入額は、一四〇〇万三五〇六ドルになる（表7―2の「推計Ⅰ」を参照）。

第2章で述べたように、洋銀は、「洋銀 ⇩ 一分銀 ⇩ 金貨」の経路で交換された。安政六年には、外国人は、同種同量の原則により「一ドル＝一分銀三枚」の交換レートで洋銀と一分銀を引き替えることができたが、「一分銀 ⇩ 金貨」の交換については、日本側には交換の義務はなかったのである。しかも、幕府が金貨流出の阻止に努めている中にあって、この一分銀を小判・二分判等に交換することは、難しくなり、外国人の金貨取得コストは、急激に上昇する。日本国内での公定レートは、「小判一個＝一分銀四枚」、すなわち、ドル換算では「小判一個＝一・三三三ドル」であったが、実際には、「小判一個＝二・五七二ドル」となっていたのである。

ここで、藤野（一九九四）と同様に、「小判一個＝二・六ドル」の取得コストを想定すると、洋銀流入額一四〇〇万三五〇六ドルによって取得できる金貨は、およそ五三八万両（五三八万五九六四両）になる（表7―2の「推計Ⅰ」を参照）。本書第Ⅰ部の冒頭で述べたように、この第Ⅰ部の第二の目的は、この金貨流出額を推計することにあったのである。藤野推計では八五八万両と推計されていたが、「居留地経済」の概念を導入し、その洋銀受取を算入することや種々の調整を行うことによって、三二〇万両が減額されたことになる。

2　貿易収支データのキャリブレーション

以上のように、「居留地経済」の概念を導入し、藤野の推計方法を適用すると、金貨流出額は、およそ五三八万両になるが、藤野推計の最大の難点は、幕末の貿易統計に全面的に信頼を寄せていることにある。

すでに、第5章第2節の「(2)貿易収支差額」で述べたように、幕末貿易の本格的な研究は、山口和雄（一九四三）と石井孝（一九四四）に始まる。特に石井孝は、体系的な貿易統計の整備に努め、石井孝（一九四四）五〇―五四頁のように貿易データを整理している。『横浜市史 第二巻』五四八頁の貿易データは、石井の執筆によるものであるが、一八六二年について修正が行われ、石井孝（一九八七）一七八頁では、一八五九年データの修正が行われている（データの異同については、第5章表5―3を参照のこと）。藤野推計は、『横浜市史 第二巻』のデータを利用した推計であるが、これらの貿易データには、前述の「(2)貿易収支差額」でも指摘したように、二つの大きな問題、すなわち、幕府運上所（税関）への過少申告と「密貿易」等の問題が含まれているのである。

これらの問題に関しては、一九四三年に山口和雄（一九四三）の一三―一五頁において、貿易データに内在する一般的な欠点として提起されたこともあり、石井孝（一九四四）もこれに言及している（五四―五五頁）。前者の幕府運上所への過少申告の問題は、当初の公定交換レートと洋銀相場の乖離に起因する。すでに述べたように、五か国との修好通商条約によって、同種同量の原則が適用され、交換レートは「一ドル＝一分銀三・一一個（民間取引の実務上は一分銀三個）」と定められたが、横浜開港の一年後からは「横浜洋銀相場」で交換レートが決定されるようになる。しかしながら、その後も領事館員・外国軍艦乗組員等の交換には、「一ドル＝一分銀三・一一個」が適用されるとともに、輸出額・輸入額も、依然としてこの交換レートで評価され、その五％が関税として幕府運上所へ納付されていたのである。例えば、外国商人が、日本人から一三五万ドルのものを購入すると、本来の関税は、その五％の六万七五〇〇ドルになる。そのときの横浜洋銀相場が「一ドル＝三四・五六匁（一分銀二・三〇四個）」であれば、この外国商人の支払額一三五万ドルは、一分銀三一一万個に相当する。税関に対して、支払い額「一分銀三一一万個」と申告すると、公定交換レートが適用され、一〇〇万ドルの評価（日本からの輸出額）となり、関税は五万ドルになる。例示は省略するが、外国商人の日本人への商品の販売でも同様のことが起こる。

この過少申告に関して、山口和雄（一九四三）は、パスク・スミスの報告を引用して、「実際の取引高に近い数字を出そうとするならば、その市場価額の五割強を附加して丁度適当であると考える」（一五頁）と結んでいる。石井孝（一九四四）も、表５―３の貿易データが「内輪」の数字であるとし、その根拠のひとつに、神奈川駐在イギリス領事ヴァイスの「実際の申告された価格を得るためには、二六％だけ増加されねばならない。これに加へて約六％が、過少評価や誤れる申告のために加へられるであらう。同様の根拠から、輸入は約三〇％だけ増やさねばならぬ」（五四頁）を引用しているのである。

当初の公定交換レートと洋銀相場の乖離は、一八六五年頃まで続く。これを石井孝（一九四四）の視点から確認すると、「然し慶應元年頃に至り洋銀の減価も止み、略々条約に規定された標準にまで復した。さればパスク＝スミス氏も、この貨幣の点から一八六五年以降における数字は稍々信ずるに足るものとしている」（五四―五五頁）である。

本書の第Ⅱ部で述べるように、一八六〇～一八六六年（万延元年～慶応二年）は、変動為替相場制（中心相場は、「一ドル＝三六匁」）に移行した時期にあたる。実際、一八六二～一八六五年の各年の相場は、すでに表３―１に示したように、三三・八五匁、三五・四八匁、三六・〇一匁、三五・七八匁で推移し、一八六六年には「建値」の変更もあり、一八六六～一八六九年は、当初の（実務上の）レート「一ドル＝四五匁（一分銀三個）」の近傍で推移しているのである。

以上を踏まえ、次のような補正をする。まず、一八五九年は、公定レートが適用されていたことから、石井孝

表7－1　貿易収支キャリブレーション

単位：メキシコ・ドル

	オリジナル・データ			キャリブレーションA（過少申告の修正）	キャリブレーションB（「密貿易」等の修正）
年	輸出	輸入	貿易収支	貿易収支	貿易収支
1859	1,081,219	541,965	539,254	539,254	701,030
1860	4,713,788	1,658,871	3,054,917	3,959,172	5,146,924
1861	3,786,652	2,364,616	1,422,036	1,842,959	2,395,847
1862	7,918,196	4,214,768	3,703,428	5,103,324	6,634,321
1863	12,208,228	6,199,101	6,009,127	7,902,002	10,272,603
1864	10,572,223	8,102,288	2,469,935	3,198,566	4,158,136
1865	18,490,331	15,144,271	3,346,060	4,363,262	5,672,241
1866	16,616,564	15,770,949	845,615	845,615	1,099,300
1867	12,123,675	21,673,319	△ 9,549,644	△ 9,549,644	△ 12,414,537
1868	20,435,333	15,000,871	5,434,462	5,434,462	7,064,801
合計	107,946,209	90,671,019	17,275,190	23,638,972	30,730,666
重量換算（匁）	664,948,647	558,533,477	106,415,170	145,616,068	189,300,903

資料出所：1860～1867年データ 石井孝（1987）178頁、1868年データ 『横浜市史・資料編2・統計編』

（一九八七）のデータをそのまま採用する。一八六〇・一八六一年については、当初の公定レート「一ドル＝一分銀三・一一個（四六・六五匁）」と中心相場の「一ドル＝三六匁」との比率から、補正率を一・二九六倍とし、また、一八六二～一八六五年については、横浜洋銀相場との比率等から、各年の補正率を一・三七八倍、一・三一五倍、一・二九五倍、一・三〇四倍とし、石井孝（一九八七）の貿易データの補正を試みる。これが、表7―1の「キャリブレーションA」の貿易収支の値である。

一八六二～一八六五年の補正率は、前述のイギリス領事ヴァイスのコメントとほぼ一致している。念のため、第5章第2節で紹介したCullen（2010）による一八六三年の貿易収支の修正値（七三〇万九四三三メキシコ・ドル）と比較すると、上の補正値（七九〇万二〇〇二メキシコ・ドル）は、六〇万ドルほど多くなっている。

一八六六年以降については、洋銀相場が当初の公定レート（もしくはその近傍）で変動していたことから、石井孝（一九八七）のデータをそのまま採用する。

これらの補正により、一八五九〜一八六八年の輸出入差額は、二三六四万ドル弱（オリジナル・データの一・三六八倍）となる。重量換算（一ドル＝六・一六匁）では、一億四五六一万匁余になる。

貿易データに内在するもうひとつの問題は、密貿易等の問題である。石井孝（一九四四）によれば、「当時は貿易に対する官憲の統制・干渉・制限が厳重であっただけ、密貿易の行はれる可能性もまた一段と多かった。現に文久三年末以来幕府の生糸貿易抑圧が強行されるや、生糸の密貿易を企てる者が出で生糸を銭・酒樽等に詰合せて貿易した事実がある」（五五頁）といった状況にあった(1)。また、箱館や長崎では、密貿易が著しく、箱館では、貿易のほとんどが密貿易とされ、禁制品の銅までも密輸出される状況にあり、長崎では、主に中国人による密貿易が行われていたのである。

また、民間の密貿易とは、いくぶん、趣が異なるが、諸藩は、幕府の許可を得ずに、軍艦や武器・軍需品（小銃・弾薬・大砲等）を輸入しているのである。再び、石井孝（一九四四）を引用すれば、「諸藩の領内に於いても密貿易が行はれ、殊に慶應年間長藩内（主として下関）に於ける武器の密輸入の如き、著名な事実であった」（五五頁）である。石井孝が整理した貿易データでは、諸藩の軍艦輸入額は、（購入額がほぼ判明していることから）計上されているが、武器・軍需品の購入額は計上されていないのである(2)（四九―五一頁）。

さらに、この石井孝が整理した貿易データは、パスク・スミスやイギリス領事らの報告を基礎にしているが、これらの報告は、関税徴収を目的にした幕府運上所のデータに依拠しているのである。したがって、関税納付を要しない幕府それ自体による輸入は、そもそも、貿易データとして計上されてはいない（石井孝（一九四四）五六頁）。すなわち、幕府の軍艦・船艦や武器・軍需品の購入、軍艦等の装備品の購入、長崎・横須賀・横浜の各製鉄所（造船所）の建設と設備・資材の購入等がこれに該当するが(3)、この中では、幕府の軍艦・船艦購入額のみが輸入として、石井孝の貿易データに計上されているに過ぎないのである。

産業面でも、元治元（一八六四）年頃に、薩摩藩は、琉球の砂糖を製造・精製する機械をヨーロッパに発注し、慶応三年には、イギリスから紡績機械を輸入し、日本で最初の（洋式）紡績工場を設立しているが（山口和雄（一九四三）一三二―一三四頁）、これらも貿易データには計上されていない。

貿易収支以外では、（第一次所得収支に計上すべき）幕府軍艦操練所での外国人海軍士官・教師への給料支払い等も、本来は考慮すべき事項であるが、正確な額は不明である。なお、海舟日記に記載された外国人海軍士官・教師への給料支払い額については、第1章で紹介した通りである。

以上について、一つひとつを精査し、正しいデータを得ることは極めて困難である。すでに紹介したように、パスク・スミス自身が貿易データに関して「一八六五年までは、日本の外国貿易額の近似値を得るには、少なくとも五〇%が附加されるべきであろう」とコメントし、イギリス領事（長崎駐在）も「主に中国人による密貿易や税関での過小評価・誤解のために、輸出入とも、正しい総額を得るには一〇〇%が附加されるべきである」とコメントしていることを踏まえ（石井孝（一九四四）五七頁）、「過少申告」を修正した値（キャリブレーションA）に対して、一律に（ほぼ同率の）三〇%を附加する。これが、表7―1の「キャリブレーションB」である。なお、この補正により、一八五九〜一八六八年の輸出入差額は、三〇七三万ドル余（オリジナル・データの一・七七九倍）となる。重量換算（一ドル＝六・一六匁）では、一億八九三〇万匁余になる。

3　金貨流出額とキャリブレーション

ここで、貿易データとして、前節で導出した「キャリブレーションA」と「キャリブレーションB」を用いて、実際に、金貨流出額を計算すると、表7―2の「推計Ⅱ」と「推計Ⅲ」が得られる。

「過少申告」を修正した値（キャリブレーションA）では、金貨流出額は、一九三万両余と三〇〇万両を下回る。

表7-2　金貨流出額と貿易収支キャリブレーション

	藤野推計	推計Ⅰ	推計Ⅱ	推計Ⅲ
		居留地経済の導入	キャリブレーションA	キャリブレーションB
1) 1858年の銀数量(匁)	244,661,735	313,721,232	313,721,232	313,721,232
2) 国際収支等による洋銀受取量(匁)				
2-1) 貿易収支差額	104,869,017	106,415,170	145,616,068	189,300,903
2-2) 賠償金支払	△6,190,980	△7,961,134	△7,961,134	△7,961,134
2-3) 外国人消費支出	7,700,000			
2-4) 日本人の外国消費支出	△3,874,640	△3,874,640	△3,874,640	△3,874,640
2-5) その他の国際収支	32,426,653	177,408	177,408	177,408
2-6) 関税収入受取	27,281,901	27,281,901	27,281,901	27,281,901
小計	162,211,951	122,038,705	161,239,603	204,924,438
3) 居留地経済からの洋銀受取量(匁)		69,711,044	69,711,044	69,711,044
4) 国内銀生産量(匁)	3,000,000	7,900,000	7,900,000	7,900,000
A　1)～4)の合計(匁)	409,873,686	513,370,981	552,571,879	596,256,714
B　1869年の銀数量(匁)	547,352,333	599,632,580	599,632,580	599,632,580
C　金貨購入目的の洋銀流入量(匁)(=B－A)	137,478,647	86,261,599	47,060,701	3,375,866
D　金貨購入目的の洋銀流入額(ドル)	22,317,962	14,003,506	7,639,724	548,030
E　金貨流出額(両)	8,583,832	5,385,964	2,938,355	210,781

この過少申告の問題は、当初に定められた公定交換レートと洋銀相場との乖離から輸出入額を過少に申告することに起因するものであった。したがって、前節で紹介したエピソードからすれば、多くの方に受け入れ可能な修正であり、この金貨流出額も、藤野タイプの推計の最大値として受け入れられる値であろう。

キャリブレーションBは、この幕府運上所への「過少申告」を修正したことに加え、運上所が把握していなかった貿易額（密貿易品、幕府の武器・軍需品等）の分として一律三〇％を補正した値である。その結果、金貨流出額は二一万両まで減額される。

このキャリブレーションBの結果は、第4章第2節の「金貨流出額一三万二〇〇〇両」や第4章第3節の「金貨流出額一三万両内外」と比較して八万両多いに過ぎない。すなわち、石井が提示した幕末の貿易データに対して、「過少申告」の修正と「貿易額の一律三〇％」という大胆な修正が可能ならば、従来とまったく異質のアプローチの藤野推計は、「石井孝（旧推計）三〇万両内外」をベースにして一八五九年の横浜貿易額の新データと洋銀の金貨取得費用とを勘案した値や、「石井寛治・石井孝（新推計）一〇万両内外」に「オランダ商人の債権処理に伴う金貨持ち出し分」を加算した値に限りなく接近する。

前述のように、表7―1のキャリブレーションBは、キャリブレーションAの値を単純に一・三倍した数である。ここで貿易収支がマイナスの一八六七年についてのみ一・二八倍（他は一・三倍）すると、この間の貿易収支差額の合計は、一億九〇〇〇万匁余（一億九〇四七万七四一九匁）となる。この値を表7―2の該当箇所に入れ、同様の計算をすると、金貨購入を目的とした洋銀は三五万七〇〇〇ドル余となり、一三万七〇〇〇両余の金貨流出となる。また、すべての年の貿易収支差額を一・三一倍すると、この間の貿易収支差額の合計は、一億九〇〇〇万匁余（一億九〇七五万七〇四〇匁）となり、金貨購入目的の洋銀は三二万一〇〇〇ドル余となり、ほぼ一二万両の金貨流出となる。このように貿易収支差額をわずかに変更するだけで、まったく別のアプローチからの推計ともほぼ一致する結果となる。ここに、「石井孝（旧推計）」、「石井寛治・石井孝（新推計）」及び「藤野推計」の各推計の修正バージョンは、金貨流出額一三万両前後の値を示すことになる。

4　むすび

幕末の金貨流出額は、一八九〇年の阪谷芳郎のセンセーショナルな二〇〇〇万両説に始まり、長年、さまざまな議論が展開されてきたが、多くの場合、経済学的根拠はまったく示さずに、単なる推量を述べるにとどまっていた。こうした中にあって、石井孝は、一九四〇年頃から、一貫して、経済データに基づいて金貨流出額を推計してきた。石井孝の「旧推計」は、五〇万両に始まり、後に三〇万両に修正され、ジャーディン・マセソン商会資料に基づく「新推計」では、金貨流出額一〇万両内外となった。これを受けて、金貨流出は、それほどセンセーショナルではなかったとする方向に傾いていたが、これに一石を投じたのが、藤野正三郎教授の八五八万両説である。

藤野推計は、石井孝「新・旧推計」に比べて、経済学的知見・統計データと膨大な計算を必要とするが、推計自体が、金貨流出額の最大値を推計する手法となっている。この第I部では、石井孝「新・旧推計」に対しては適度の修正を行い、藤野推計に対しては「居留地経済」の概念を導入するとともに、（石井孝が作成した）貿易収支データのキャリブレーションを行った。その結果、金貨流出額は一二万両から二一万両の範囲となった。

「金貨の流出」のカウンター・パートは、「洋銀の流入」である。[4] 金貨流出額二一万両余と推定すると、幕末の洋銀流入量は、四四五八万ドル余（二七万四〇〇〇貫余）となるが、このうち、国際収支等の受取超過が三三二六万ドル余（二〇万五〇〇〇貫弱）、居留地からの受取が一一三一万ドル余（七万貫弱）であり、金貨購入を目的とした洋銀の流入は、わずか五五万ドル弱（三三〇〇貫余）に過ぎない（表7―2の「推計Ⅲ」を参照のこと、また、ドルは「一ドル＝六・一六匁」で換算した値である）。五か国との修好通商条約では、外国貨幣が日本で自由に通用する旨が規定されていたが、国内に流入した洋銀が流通することはなかった。このため、流入した洋銀は、幕府に回り、金貨・銀貨の鋳造の原料となったのである。本書で推定した国内銀産量は七九〇〇貫に過ぎないが、幕府は、洋銀流入によって二七万四〇〇〇貫を産出する「巨大な銀鉱山」を手に入れ、これを使って金貨・銀貨を大量に鋳造し、（鋳造額の二〇％程度の）改鋳益をあげ、厳しい幕末財政を、しばしの間、安定させたのである。

「巨大な銀鉱山」を背景とした金貨・銀貨の大量の鋳造は、金銀貨流通量の大幅な増加をもたらす。第5章で述べたように、金銀貨流通量は、安政五（一八五八）年の約四四一三万両から明治二（一八六九）年には約一億二三一九万両と二・七九倍にもなったのである。さらに、この大幅な金銀貨流通量の増加は、「大幅な物価上昇」「金相場・銀相場における急激な銀貨安」「金融資産革命（東日本での資産効果と西日本での逆資産効果）」をもたらすのである。

表7―2の「藤野推計」の「金貨流出額八五八万両」に戻ると、幕末の洋銀流入量は、四八六五万ドル余（三〇

万貫弱）である。このうち、国際収支等の受取超過が二六三三万ドル余（一六万二〇〇〇貫余）であり、金貨購入を目的とした洋銀の流入も、一二三一万ドル余（一三万七〇〇〇貫余）に達する。したがって、八五八万両の巨額の金貨流出は、当時の日本の洋銀流入額のほぼ半分の額との交換による金貨流出であることから、金貨流出は、政治的・社会的影響にとどまらず、巨額の洋銀流入を伴うことから、幕末の日本経済にも大きな影響を及ぼしたことになる。

他方、表7―2の「推計Ⅲ」では、幕末の洋銀流入量四四五八万ドル余のうち、金貨購入を目的とした洋銀の流入は、五五万ドル弱（一・二五％）に過ぎず、日本国内から金貨を持ち出されたことに対する感情的な影響は残ったとしても、日本経済に対する影響は、極めて限定的になる。すなわち、五五万ドル弱の洋銀の流入によって、二一万両余の金貨が流出したが、金貨流出の幕末経済への影響は限定的であった。

（1）詳細は、石井孝（一九四四）四二二―四二三頁を参照のこと。

（2）軍艦・船艦や武具等の輸入額については、山口和雄（一九四三）六四―一二三頁及び洞（一九七七）四四一―四五六頁を参照のこと。また、小銃輸入量については、第Ⅰ部第1章註2を参照のこと。

（3）『海軍歴史Ⅲ』には、横須賀製鉄所がオランダ・フランスから購入した「機械物品」の「目録」や幕府軍艦「開陽丸」に装備された諸器械・その他附属品等の「明細」が記載されている（一七三―一七八頁及び二五一―二七一頁）。開陽丸については、第Ⅰ部第1章註4も参照のこと。

（4）石井孝（一九四一ｂ）の表現に従えば、「これだけの額が僅々数年間に流入したことは大銀鉱が発見されたにも等しい。かくて開港後の貨幣問題として重視すべきは、金貨の「濫出」ではなく、寧ろ洋銀の「濫入」であった」（五三三頁）である。

第Ⅱ部　幕末横浜洋銀相場の経済学

はじめに

幕末期には、メキシコ・アメリカ・香港等で鋳造された一ドル銀貨が、アジアで広く流通しており、日本ではこれらを「洋銀」と総称していた。この中でも、流通量においては「メキシコ銀貨」が圧倒的多数を占め、アジアでの国際通貨となっていた。「実際上、洋銀はメキシコ・ドル銀貨そのものの異名となった」[1]のである。

安政五年六月一九日（一八五八年七月二九日）に調印された日米修好通商条約では、同種同量の原則が定められた。この原則に従えば、「洋銀一ドル＝一分銀三・一一個」の交換比率となることから、幕府は、国際的な金貨・銀貨の交換比率と日本国内での交換比率の差異から金貨流出が起こることを危惧し、新しい銀貨を発行することによってこれに対処しようとしたが、外国使節団の反対により失敗に終わった。翌安政六年の日米修好通商条約の施行にともない、交換比率は、「洋銀一ドル＝一分銀三・一一個」となり、幕府の金貨流出の危惧が現実のものとなった。

万延元（一八六〇）年に、幕府が「金」含有率の低い金貨（小判）を発行することによって、日本の金貨・銀貨の交換比率が国際的な交換比率とほぼ同一となり、金貨流出は止まった。第Ⅰ部は、このときの金貨流出量の推計を行ったものである。

また、この万延元年には、幕府が「外国銀銭、量目軽量、極印有無に拘らず、時相場を以て取引致すべき旨」の「触れ」を出し、洋銀（メキシコ銀貨）の市場取引を認めたことから、洋銀の需給関係等を反映して洋銀相場（交換レート）が決定されることになった。

第Ⅰ部で紹介したように、海舟日記に記載された洋銀相場を見ると、文久三（一八六三）年一一月の相場は、「一ドル＝三五匁二分〜三五匁三分」であったから、「洋銀一ドル＝一分銀三個＝四五匁」を基準にすれば、三年間で二〇％以上の「一分銀高」になっていく。しかしながら、洋銀相場が適用されるのは、民間相互の取引だけであり、外国の領事館員や軍艦乗組員の士官らの交換取引（引替）は、運上所（税関）において従来の交換レート（洋銀一ドル＝一分銀三個、公式には、「洋銀一ドル＝一分銀三・一一個」）で行われていたのである。

この第Ⅱ部の主たる目的は、幕末横浜洋銀相場についての経済学的考察をすることにある。まず、第1章は、幕末の日本国内の通貨制度やアジアでの貿易決済通貨であったメキシコ銀貨について十分に理解しておく必要があることから、これらの要点を紹介する。

第2章では、幕末横浜洋銀相場の経済分析が行われる。通説では、貿易収支の順調・逆調が横浜洋銀相場の変化の基本要因であり、慶応二（一八六六）年以降は、貿易収支の悪化によって「匁安・洋銀高（メキシコ・ドル高）」が一段と進んだとされている。これに対して、本書の目的は、⑴「横浜洋銀相場」が世界通貨体制（国際金融の中心であるロンドン市場）に組み込まれていく過程で、横浜洋銀相場での事実上の「建値」の変更（日本通貨の切り下げ）が行われたこと、⑵これにより「匁安・洋銀高（メキシコ・ドル高）」が進んだにもかかわらず、当時の主要貿易相手国であったイギリスとの関係では、「実質為替レート」が「匁高・ポンド安」に進んだこと、⑶この日英間の実質為替レートから、輸入が増加する半面、輸出が停滞したために、貿易収支が悪化したこと、⑷日英実質為替レートと日米実質為替レートとの間には「連動性（同調性）」があることの四点を新たな視点として示すことにある。なお、南北戦争時にはアメリカの海運業が衰退し、日本でのアメリカの貿易シェアは、事実上ゼロとなり、イギリスがアメリカに取って代わった。上の四番目の事項は、経済学的視点からこの事実を説明する論拠にもなっている。

（1）三上（一九八九）八六頁。

第1章　幕末期の通貨制度とメキシコ銀貨

1　徳川期の通貨制度の概観

徳川期の通貨体制はかなり複雑であるので、通貨制度の概略を説明することから始める。

徳川期は、「金貨」「銀貨」「銅貨（銭貨）」の三貨体制であった。小判（慶長小判から幕末の万延小判まで）に代表される金貨、丁銀・豆板銀（秤量貨幣）や天保一分銀・安政一分銀（計数貨幣）に代表される銀貨、寛永通宝に代表される銭貨の三貨体制であった。三貨を鋳造し発行する権限は、幕府にあった。そのため、藩が幕府の認可のもとに、期間を限定して「銭貨」を鋳造することや、兌換資産を準備し藩内通用の「藩札」を発行すること等が例外的な事項であった。

計数体系は、「一両＝四分＝一六朱」の四進法の計数体系に加え、もともと、「銀」に関しては、重さを量る「秤量銀貨」（丁銀・豆板銀の切銀）であったことから、十進法の計数体系であった。こうしたことから、公定レート「金一両＝銀六〇匁＝銭四貫」も定められた（元禄一三（一七〇〇）年以前は、「金一両＝銀五〇匁＝永楽銭一〇〇〇文」であった）。

明和二（一七六五）年、計数貨幣の「明和五匁銀」が発行される。「量目（重さ）五匁、品位（純度・千分比）四六〇」であったから純銀量は二匁三分になる。そのときの通用銀は「元文丁銀」であったが、「明和五匁銀」は、「元文丁銀」と同品位の銀五匁（純銀量二匁三分）をもって鋳造されたことになっており、形式上は連続性が維持されていた。しかしながら、「明和五匁銀」の表面には「銀五匁」と刻印されており、その重さを秤で量ることなく五匁として通用させることを目指したものだったのである。ここに、「五匁銀一二枚＝六〇匁＝金一両」の「計数貨幣」銀貨が誕生し、これ以降、幕末までに、「（明和・文政）南鐐二朱銀」「文政南鐐一朱銀」「天保一分銀」「嘉永一朱銀」「安政二朱銀」「安政一分銀」の計数銀貨が発行される（ただし、この期間には、「草文銀」「保字銀」「政字銀」の秤量銀貨も、量目・品位を落として、発行されているが、鋳造高も激減している[1]）。

銀貨が「秤量貨幣」から「計数貨幣」に変わったことで、金銀複本位制から金本位制へ移行したか否かの経済学上の論争も起こる。藤野（一九九〇）の整理・要約によれば、秤量銀貨から計数銀貨への移行に伴い、Ｅ・Ｓ・クローカ、三上隆三、新保博、山本有造らが、「両」金本位制（または「両」金貨本位制）の立場をとり、滝本誠一や阿部謙二らが金銀複本位制の立場をとっているのである（一七五頁）。

実際、三上（一九八九）、新保（一九七八）、山本（一九九四）は、「両」金本位制（または「両」金貨本位制）への移行説をとっているが、移行時期は、いくぶん、見解が異なっている。これを移行時期の早い順に紹介すると、新保（一九七八）は、「計数銀貨は基本貨幣としての金貨に対する補助貨幣であったというべきで、事実上「両」金貨本位制へ移行したとみなければならない」（一六九頁）とし、三上（一九八九）は、「江戸後期より徐々に形成され完成化されてきたこの実質上の「両」金貨本位制度」（七〇頁）と表現し、山本（一九九四）は、「開港を目前にひかえた幕末幣制は、小判・一分判を本位金貨とし、一分銀を定位補助貨幣銀貨とする「両」金本位制の成立を想定することがゆるされる段階にいたっていた」（三〇六頁）と表現しているのである。

これに対して、藤野（一九九〇）は、これまでの議論がヨーロッパで発達した「金属通貨体制」を念頭に置いたものであったとし、概念自体の検討から始めている[2]。「開放通貨体制」を六つの条件に従って、金本位制、銀本位制、金銀本位制に区分するとともに、「閉鎖通貨体制」を別の六つの条件に従って、三つの本位制に区分し、秤量銀貨から計数銀貨へ移行後も、「閉鎖」金銀複本位制であったとしている（一七八―一八一頁）。

2　大坂の金相場・江戸の銀相場

ところで、徳川期は、金・銀・銅の三貨体制であり、それぞれが、無限通用力をもつ基本貨幣であったが、貨幣の流通は、「東（江戸）の金遣い」「西（大坂）の銀遣い」といわれるように、大きな地域差が見られたのである。鹿野（二〇一一）によれば、銭貨は、小額貨幣として全国で広く流通していたが、東日本では金貨建て・金貨払い、西日本では銀貨建て・銀貨払いが主流であったのである（一四八頁）。他方、全国的な商品流通も貨幣経済の進展とともに、変化している。各藩は、米をはじめとする特産品を市場で売却して換金する必要に迫られるが、その市場とは、「天下の台所」の（銀遣い圏の）大坂であった。商人も、必要品を大坂市場等から仕入れ、各藩内でも販売するが、最大の消費地は（金遣い圏の）江戸であった。

金貨・銀貨ともに、無限通用の基本貨幣であることから、「金遣い圏」と「銀遣い圏」の通貨の交換相場である「大坂の金相場」「江戸の銀相場」が形成される。この交換レートは、金一両当たりの秤量銀貨である「丁銀」の重さ（匁）で示されることになる。

明和二（一七六五）年以降は、秤量銀貨から計数銀貨に変わり、（秤量銀貨の丁銀・豆板銀も、依然として、発行され使用されてはいたが）計数金貨と計数銀貨の交換に移行し、金貨と銀貨の交換レートも、交換比率を示す単なる指標に変わった。しかしながら、「匁」は、交換レートを示す呼称として引き続き用いられたのである。

これらのデータは、宮本（一九六三）と新保（一九七八）によって整理されている。[3] すなわち、宮本（一九六三）には、大坂の一七七二（安永元）年～一八六八（慶応四）年までの「金相場」と「銭相場」の「時系列データ」（一一三―一二二頁）が、また、新保（一九七八）には、大坂と江戸の一七三二（享保一八）年～一八六七（慶応三）年のそれぞれの相場の「時系列データ・指数表」（一七一―一七六頁）が掲載されている。新保（一九七八）のデータからは、大坂の金相場と江戸の銀相場が、「幕末を除き」ほぼパラレルに動いたこと、嘉永五（一八五二）年までは、金貨・銀貨の改鋳等が行われたときでも公定レート「一両＝銀六〇匁」を基準として、（二、三の例外を除き）「一両＝銀五五～六五匁」の範囲で変動したこと等を読み取ることができる。しかしながら、ペリー来航の嘉永六（一八五三）年以降は、大坂、江戸ともに急激な「銀貨安」が進むとともに、大坂と江戸の相場が大きく乖離するようになる。すなわち、慶応三年には、銀遣いの大坂で「金一両＝銀一三九・三一匁」、金遣いの江戸でも「金一両＝銀八九・九〇匁」となっている（新保（一九七八）一七三頁）。

一般論をいえば、大坂の金相場と江戸の銀相場は、現在の外国為替市場の機能を果たしていたので、大坂と江戸の収支バランスによって相場が変動することになる。すなわち、大坂の支払超過（受取超過）の場合は、「銀安（銀高）」傾向になる。しかしながら、この考え方では、幕末期の「銀安」と大阪での極端な「銀安・金高」は説明しきれない。これに対して、Crawcour and Yamamura（1970）は、大坂では、江戸初期から商人間の「大口取引」の決済手段として「銀目手形」が使われ、信用手段として機能していたことに着目し、大坂「金相場」は、「計数貨幣（金・銀）」と「銀目信用手段」との交換比率となっていたという考えを示している。これに関して、新保（一九七八）は、江戸期全般については、「一般論」をCrawcour and Yamamura仮説を踏まえて拡張する議論を展開するとともに、幕末期では、大坂・金相場においてCrawcour and Yamamura仮説が成立するとの立場をとっている。すなわち、大坂・金相場と江戸・銀相場が大きく乖離すれば、金・銀貨の現送や為替によって資金移動が行われるか、大坂での「銀目信用手段」の増減調整が行われるかするために、大坂・江戸の相場では、「ほとんど乖離がみられず、大体において均衡していた」としている[4]ものの、幕末期においては、現送や為替による資金移動の規模を越えて、大坂の銀目信用手段が拡大したことから、大坂の大幅な「銀安」が起こったとしている[5]（一八九―一九〇頁）。

3　日米和親条約後の銀貨交換レート

嘉永七年三月三日（一八五四年三月三一日）、「日米和親条約（Treaty of Peace and Amity between the United States of America and the Empire of Japan）」が調印された[6]。その第七条には、アメリカ船が、下田・箱館に入港し、金銀銭を支払うことや品物との交換によって必要な物資を調達できる旨が規定されていることから、日米両国とも、通貨の交換比率を決める必要があった。

条約調印直後の嘉永七年五月には、日米の実務者間で「一ドルラル＝日本銀一六匁」で合意した[7]。これは、前年五月にペリーが浦賀に来たときに、食糧その他の必要物資の代金として日本側が受け取った一ドル銀貨（量目七・一二匁）を分析し、「品位（千分比）八六五、純銀量六・一六匁」であったことから「（メキシコ銀貨）一ドル＝一六匁」と評価したことによる。この実務者間の合意に基づき、嘉永七年甲寅六月の林大學頭はじめ七名連署の上申書には、「亜米利加使節へ応接の上、取極め候趣、申し上げ候書付」が提出され、幕府の承認がなされている[8]。この上申書には、「銀一ドルラル銀十六匁替、金銭は百六十七匁二分替」と記載されているが[9]、その理由は、銀銭一枚の平均重量が七・一二匁であることと、「銀銭一匁」の価額が「銀二匁二分五厘」に相当することから、メキシコ銀貨一ドルの価額を、銀一六・〇二匁（＝量目7.12匁×2.25）と評価したのであった。なお、これについての三上（一九八九）の説明では、次のようになる（九二頁）。幕府が銀地金《ぎんじがね》を買い上げる価格を双替相場というが、当時の相場は、「二十六双」、すなわち、重さ一〇匁の銀地金の買い上げ代金が通用銀二六匁であった。この双替相場でメキシコ銀貨一ドルの純銀量（六・一六匁）を評価すると、一六・〇一六匁（＝純銀量6.16匁×2.6）となることから、端数を切り捨て、「（メキシコ銀貨）一ドル＝一六匁」としたのである。この場合、洋銀の重さ一匁当たりの価額は、価額

16匁÷平均重量7.12匁＝価額2.25匁（精確には価額二・二四七匁）となる。

嘉永年間に流通していた「一分銀」の多くは、天保八（一八三七）年一一月以降に鋳造された「天保一分銀」である。[10]この天保一分銀の量目（重さ）は、二・三匁、品位（千分比）九八八・六であったことから、純銀量は、二・二七四匁であった。[11]したがって、「純銀量六・一二匁のメキシコ銀貨一ドル」と「純銀量二・二七四匁の天保一分銀」との「一枚対一枚」の交換ということになる。計数貨幣である洋銀一枚は、計数貨幣である一分銀一枚と等置されることになったのである。

二〇世紀最大の経済学者J・M・ケインズは、（イギリスの）インド省勤務の経験を通して、『インドの通貨と金融』（初刊一九一三年）を著している。インドの通貨・ルピーは、自由に鋳造される銀に基礎を置き、[12]その価値は銀地金の金価値とともに変動していた。しかしながら、長年にわたる銀の金価値低下によって、貿易不均衡が拡大するとともに、インド政府（イギリスの植民地統治機関）がイギリスに対して巨額のポンド支払いをする必要性があったことからインドの財政悪化も深刻なものとなっていた。これを打開するために、一八九三年、インドの造幣局は、銀貨の自由鋳造をやめ、インド通貨は、銀本位制から（イギリス・ポンドにリンクする）金本位制へ移行し、ルピーの価値は、その金属価値から乖離するようになった。すなわち、ケインズは、こうした状況を観察し、今日では周知となった次のフレーズを残している。すなわち、「現状においては、ルピーは名目鋳貨であって本質上は銀に印刷された紙幣に等しい」である（Keynes（1971）日本語訳・一六頁）。

アメリカは、一八五三年以降は、「跛行金本位制」に移行し、日本も、（論者によって議論が分かれるところではあるが）「計数銀貨」の発行以降は、「金本位制」へ移行したと考えれば、メキシコ銀貨一ドルと天保一分銀との「一枚対一枚」の交換は、「（面）REPUBLICA MEXICANA,（背）8R」と刻印された銀一枚と「（面）一分銀、（背）定銀座常是」と刻印された銀一枚との交換であった。[13]上のケインズの言葉を借りれば、「銀に印刷された紙幣」の「８Ｒ」と「一分銀」の交換であった。なお、「Ｒ」は、貨幣呼称単位のレアル（Real）である。「８Ｒ」は、８レアルを意味し、「8R」で「（上位の単位の）一ペソ（Peso）」であった。このために、一八九八年からは、メキシコ8レアル銀貨は、量目・品位等はそのままで、「一ペソ」と呼ばれるようになったのである（三上（一九八九）八八頁）。

アメリカが「跛行金本位制」に、日本も「金本位制」に移行したとなると、本位貨幣である日米両国の「金貨」の関係について検討する必要が出てくる。

まず、「天保小判（保字小判）」と「天保一分銀」に含まれる純金量と純銀量の比較から、金銀比価を求めると、「1：4.638」となる。[14]

「金一両＝銀四分（小判一＝一分銀四）」が、金貨・銀貨の換算の公定レートであったから、メキシコ銀貨一ドルと天保一分銀の「一対二」交換は、「小判一＝メキシコ銀貨四」を意味することになる。保字小判一両「量目三匁、品位（金五六七・七、銀四二八・六）」、すなわち、純金量一・七〇三一匁、純銀量一・二八五八匁とメキシコ銀貨四ドルの純銀量（24.48匁＝6.12匁×4）とが等価であるので、このときの金銀比価は、「1：13.619」となる。メキシコ銀貨一ドル（純銀量六・一二匁）と天保一分銀（純銀量二・二七四匁）の交換を純銀量の観点から見ると、明らかに「不等価」交換であるが、金貨（小判）との関係では、「1：13.619」の金銀比価は、アメリカにとっては国内の金銀比価から見れば、受け入れ可能な比率であったのである。

アメリカでは、一七九二年から実際に「ドル貨」の鋳造が行われるようになった。当初は、「金銀複本位制」であり、金貨と銀貨はともに「法貨」であり、純金・純銀の（重量）の比率は、法的には「1：15」と定められていた（Linderman（1877）p.23）。一八三四年には、「イーグル金貨一〇ドル」が小ぶりになり、純金・純銀の（重量）比率は、「1：15.988」となった。すなわち、「銀貨一ドル＝重さ四一六グレイン（純銀量三七一・二五グレイン）」には変更がないものの、「イーグル金貨一〇ドル＝重さ二五八グレイン（一ドルの純金量二三・二二グレイン）」となったのであった。銀貨は、一八五三年には、無限通用力を失い（法貨としては五ドルが上限）、「跛行金本位制」へ移行する。なお、標準的なメキシコ・一ドル銀貨は、「重さ四一七と一七分の一五グレイン（純銀量三七七・二五グレイン）」であったから、アメリカ一ドル銀貨のほうがいくぶん軽かった（Linderman（1877）p.54）。このため、メキシコ銀貨には、数パーセントのプレミアが付けられていたのである。

ここで「天保小判（保字小判）一両」と「イーグル金貨一〇ドル」とに含まれる純金量を比較する。保字小判は、「量目三匁、品位（金五六七・七、銀四二八・六）」であることから、これに含まれる純金量は、一・七〇三一匁（一匁＝三・七五グラム換算で六・三八七グラム）である。これを「新貨幣例目」の「一匁＝五七・九七一〇一グレイン」を用いて換算すると、保字小判の純金量は、九八・七三〇四三グレインとなる。また、上で紹介したように「イーグル金貨一〇ドル」の「一ドルの純金量」は、二三・二二グレイン（〇・四匁、一・五〇グラム）である。したがって、日米両国の金貨の交換を「純金量」をベースにした交換で考えるならば、「保字小判一両＝アメリカ金貨四・二五ドル」となる。先にメキシコ銀貨一ドル（純銀量六・一二匁）と天保一分銀（純銀量二・二七四匁）の「一対一」交換が「小判一両＝メキシコ銀貨四ドル」を意味することを説明したが、アメリカにとっては、金貨の交換（保字小判一枚とイーグル一〇ドル金貨〇・四二五枚の交換）よりも、重量比三対一と極めて不等価交換に見える銀貨の交換（「銀に印刷された紙幣」の8R一枚と一分銀一枚との交換）のほうが有利だったのである。

4　日米修好通商条約と銀貨交換レート

しかしながら、メキシコ銀貨一ドル（純銀量六・一二匁）と天保一分銀（純銀量二・二七四匁）の「一対一」交換が、純銀量で「3：1」の交換を意味し、アジアで広く流通していたメキシコ一ドル銀貨が天保一分銀の三分の一の評価だったことから、嘉永七（一八五四）年の合意にも、すぐにアメリカ側からクレームがつく。三上（一九八九）の表現を借りるならば、「洋銀の約三分の一にすぎない貧相な天保一分銀が、それにもかかわらず購買力において洋銀そのものと等置される……貨幣交渉におけるアメリカ側が不服の中心としたのはまさにこの点についてであった」（九三―九四頁）。

　安政三（一八五六）年八月に初代駐日総領事としてハリスが着任すると、同種同量の原則を主張し、さまざまな圧力を加える。[15] この経緯は、三上（一九八九）が詳細に記述しているので、[16] ここでは説明を省略するが、結論的には、ハリスの主張は、安政四年五月二六日（一八五七年六年一七日）の「日米条約」の第三条（Article Ⅲ）と安政五年六月一九日（一八五八年七月二九日）の「日米修好通商条約」の第五条（Article Ⅴ）に盛り込まれ、調印されるに至ったのである。すなわち、日米条約（いわゆる下田条約）の第三条では、[17]

> 亜米利加人持来る所の貨幣を計算するには日本金壹分或は銀壹分を日本分銅の正しきを以て金は金銀は銀と秤し亜米利加貨幣の量目を定め……
>
> In settlement of accounts the value of the money brought by the Americans shall be ascertained by weighting it with Japanese coin, (gold and silver itsuebues), that is, gold with gold, and silver with silver, or weights representing Japanese coin may be used, after such weights have been carefully examined an found to be correct.

と規定され、日米修好通商条約の第五条では[18]

> 外國の諸貨幣ハ日本貨幣同種類の同量を以て通用すへし（金は金銀は銀と量目を以て比較するを云）
>
> All foreign coin shall be current in Japan, and pass for its corresponding weight of Japanese coin of the same description.

と規定されたのである。これにより、実務的には「洋銀一＝一分銀三個」の交換レート（公定レートでは、「メキシコ銀貨一ドル＝一分銀三・一一個」）となる[19]。一年後の安政六年六月二日（一八五九年七月一日）、神奈川、長崎、箱館が貿易港として開港し通商が始まる。この開港の前後に、幕府は、国内の金銀比価（1：4〜1：5）と海外の金銀比価（1：15〜1：16）に起因する問題を回避するために、「安政二朱銀」の鋳造や「改三分定」洋銀の措置等の策を実施するものの、万延小判（純金量が安政小判の三分の一）の発行まで根本的な解決はできなかったのである[20]。

この「メキシコ銀貨一ドル＝一分銀三・一一個」が公定レートであったことは、文献的には、慶応二年五月一三日（一八六六年六月二五日）の「改税約書（Tariff Convention between Japan, France, Great Britain, Netherlands and the United States of America）[21]」の第六条（Article Ⅵ）、すなわち、

> 日本と外國との條約中に外國貨幣は日本貨幣と同種同量の割合を以て通用すへしと取極めたる箇條に從ひ是迄日本運上所にて墨是哥ドルラルを以て運上を納むる時は壹分銀の量目に比較しドルラル百枚を一分銀三百十一個の割合を以て請取来れり
>
> In conformity with those articles of the Treaties concluded between Japan and Foreign Powers which stipulate for the circulation of foreign coin at it corresponding weight in native of the same description, dollars have hitherto been received at the Japanese Custom-house in payment of duties at their weight in Boos（commonly called Ichiboos）, that is to say, at a rate of Three Hundred and Eleven Boos per Hundred dollars.

から確認できる。なお、上の外国（Foreign Powers）は、「改税約書」の締結相手国であるフランス、イギリス、オランダ及びアメリカの四か国をさす。また、運上所はCustom-house（税関）であり、関税は一〇〇ドル（dollars）＝三一一分（boos）の換算レートによって、「墨是哥ドルラル（メキシコ・ドル、英語原文では、単にdollars）」で納付されてきたのである。

「同種同量」交換といっても、当時流通していたメキシコ銀貨一ドルの重さ（量目）は雑多であった。三上（一九

八九）の八八頁や山本（一九九四）の七七頁によれば、実際の取引で使用されたメキシコ銀貨一ドルの量目は、四一三・七～四一六グレイン、品位は八九二～八九六（純銀量は三六九～三七二・七グレイン）と幅があった上に、アジアでは（一八二五年以降に鋳造された）メキシコ・ドル銀貨も大量に流通していた。この中から、実際の取引においてに流通している「低」量目のメキシコ・ドル（量目四一三・七グレイン）と天保一分銀（量目二・三匁）を比較すると、この交換比率は、「1：3.103」となる。[22] これが公定レートの「1：3.11」に最も近い値となる。これに関連し、三上（一九八九）は、『大隈侯八十五年史』を引用して、ハリスが無雑作に秤の一方にメキシコ銀貨一〇〇個を乗せ、もう一方に一分銀を乗せたところ、三一一個で釣り合ったというエピソードを紹介している（一一一頁）。このエピソードに何がしかの信憑性があるとすれば、「1：3.11」の交換比率は、特定の種類のメキシコ・ドル銀貨と安政一分銀との一対一の比較によって決定されたのではなく、（メキシコ銀貨の量目が必ずしも一定ではないことから）、一〇〇個の平均から算出された数値であったということである。

（1）「草文銀」「保字銀」「政字銀」の量目・品位及び鋳造高のデータについては、『大日本貨幣史　第八巻』の「徳川氏貨幣鋳造一覧表」（八三―八九頁）を参照のこと。

（2）藤野（一九九〇）の表現では、通貨体制は、「ヌエ的な徳川通貨体制」（一七七頁）である。

（3）山本（一九九四）は、宮本（一九六三）のデータに基づき、幕末（慶応二～四年）の大坂「金銭相場」を整理している（二四二頁）。また、新保（一九七八）には、江戸後期の大坂の金相場や銭相場の長期趨勢を示す時系列グラフが掲載されている（一九五頁）。鹿野（二〇一一）には、新保の時系列グラフが再掲されている（一五〇頁）。いずれも、幕末期のデータを概観するには、有用な資料である。

（4）大坂・江戸間の金・銀貨の現送には、一〇日を要した、この輸送費は金一〇〇両当たり銀八～一一匁（〇・一三～

〇・一七%）であったが、為替取扱手数料は、金一〇〇両当たり銀二匁（〇・〇三%）であった（Crawcour and Yamamura（1970）p.502）。

（5）しかしながら、山本（一九九四）では、幕末期に「大坂」で極端な「金高銀安」が進行した原因については、いまだ定説がないとされている（二五四頁）。

（6）日米和親条約は、『旧条約彙纂 第一巻（各国之部）第一部』一―五頁及び『締盟各国条約彙纂 第一編』七三四―七三九頁に採録されている。

（7）三上（一九八九）によれば、下田奉行支配組頭黒川嘉兵衛とアメリカ艦隊主計官との実務者間合意である（九一頁）。なお、藤野（一九九〇）には、「下田奉行支配組頭黒川嘉兵衛、伊佐新二郎等が米国艦隊主計官スペーデン、エルドリッジ等との通貨交換問題に関して談判した際に」（一七六頁）とあり、両国の実務者名が記載されている。この分野の先駆者である阪谷芳郎（一八九〇a）には、下田奉行所の与力・同心・吟味役として黒川嘉兵衛、伊佐新二郎ら六名の名前が記され、米国艦隊側は、「スペイテン（支払奉行）」「エルリユシユ（支払役）」「ホルトメン（オランダ通辞）」の名前が記されている（三二九―三三〇頁）。

（8）ここでは、『勝海舟全集4 吹塵録Ⅱ』一二二―一三〇頁に採録の上申書を紹介する。なお、『大日本古文書 幕末外國關係文書之六』（五八三―五九三頁）には上申書の全文が採録されている。

（9）「金銭は百六十七匁二分替」は、「メキシコ金貨一枚＝一六七・二匁＝二両三分一朱余」を意味している。一ドルは、（価額で）銀一六匁相当となり、（公定の価額で）銀一五匁とされていた「一分銀」一枚とほぼ同じ価値とされたのである。

（10）東野（一九九七）の表現では「天保一分銀が通貨の主流を占めていたとみて差し支えない」（二三一頁）である。

（11）この嘉永七年には、「嘉永一朱銀」も鋳造されるが、量目〇・五匁、品位九八七・一、純銀量〇・四九三五匁であることから、一分銀（＝四朱）に換算すると、純銀量では一・九七四匁であった。

なお、徳川期に鋳造された貨幣の量目・品位・鋳造年限・鋳造高等の詳細なデータは、『大日本貨幣史 第八巻』八三―八九頁に掲載されている。『勝海舟全集4 吹塵録Ⅱ』四二一―四二四頁には、徳川期の「金幣通覧表」と「銀幣通覧表」が掲載されている。

山本（一九九四）の六八―六九頁には、「秤量銀貨」についての（銀貨にも「金」がいくぶん含まれているので）金・銀・銅の品位（含有率）等のデータと計量銀貨一覧」について量目・品位・純銀量等のデータが「コンパクトに」掲載されている。文政から安政期については、阿部（一九七二）にも、量目・品位・純銀量等が掲載されている（一一七―一一八頁）。

（12）一般に「自由鋳造」といっても、国民が金地金（銀地金）を造幣局に持ち込み、手数料を支払って、貨幣を鋳造してもらうシステムをいう。

(13) 刻印された文字は、東野（一九九七）の「図83 天保一分銀」と「図85 三分通用のメキシコドル銀貨」による（二三七頁）。

(14) 保字小判（量目三匁、品位（金五六七・七、銀四二八・六））と天保一分銀（量目二・三匁、品位（金二・一、銀九八八・六））に対して、藤野（一九九〇）と同様の方法を適用すると、金銀比価は「1：4.638」となる。なお、藤野（一九九〇）の「第7・3表 徳川期金銀法定比価」には、代表的な小判と一分銀の金銀比価を計算した結果が示されている（一八五頁）。

(15) 『勝海舟全集17 開国起原Ⅲ』には、ハリスと下田奉行が「同種同量」に合意した覚書（安政四年三月二八日（一八五七年四月二二日））が所収されている（八六―八九頁）。

(16) 三上（一九八九）九三―一〇二頁及び三上（一九九一）の一六四―一七二頁を参照のこと。また、立脇（一九八六）も参照のこと。

(17) 『旧条約彙纂 第一巻（各国之部）第一部』一〇頁及び『締盟各国条約彙纂 第一編』七四二頁による。この条約は、三上（一九八九）では、「日米約定（Convention between U.S. and Japan）」となっている（九八頁）。

(18) 『旧条約彙纂 第一巻（各国之部）第一部』二一頁及び『締盟各国条約彙纂 第一編』七五一頁。

(19) 小野（二〇〇〇）によると、「条約規定では……四六・六五匁、同種同量通用規定では一ドル＝三分＝四五匁、ただし、安政六年一二月二七日以降は交換も一ドル＝三分＝四五匁」（三一頁）である。

(20) 『勝海舟全集5 吹塵録Ⅲ』には、幕府の種々の「触れ」が採録されている。例えば、「同種同量」については七五頁に、「安政二朱銀」については七五―七六頁に、「改三分定」は八一頁に、「万延小判」は八三頁に採録されている。

(21) 『旧条約彙纂 第一巻（各国之部）第一部』五〇―五一頁及び『締盟各国条約彙纂 第一編』三二五―三二六頁。

(22) 天保一分銀（量目二・三匁）と嘉永六年五月のペリーの浦賀来航の際に日本側が受け取った一ドル銀貨（量目七・一二匁）との比較では、「1：3.096」となる。また、Linderman（1877）によれば、アメリカ一ドル銀貨の重さは四一六グレイン、アメリカで流通している標準的なメキシコ一ドル銀貨の重さは四一七と一七分の一五グレインであるので、重量比は、「新貨幣例目」の「一匁＝五七・九七一〇一グレイン」換算で、それぞれ、「1：3.120」「1：3.134」となる。

第2章　幕末横浜洋銀相場の経済分析

1　データ概観

安政六年六月二日（一八五九年七月一日）の神奈川、長崎、箱館の開港と通商開始から一年後の万延元年五月一二日（一八六〇年六月三〇日）、幕府は、（翌日から）「外国銀銭、量目軽量、極印有無に拘らず、時相場を以て取引致すべき旨」の「触れ」を出す。[1]

この幕府の触れによって、公式にメキシコ銀貨の市場取引が認められ、銀貨の需給関係等を反映して洋銀（メキシコ銀貨）の相場（交換レート）が決定されることになったのである。[2] この触れ以前には、実際上、洋銀の自然相場が形成されていた。すなわち、イギリス領事代理ヴァイスから総領事オールコックへの報告では、[3]（一八六〇年）一月には、「メキシコ銀一〇〇ドル＝一分銀二八〇枚」、六月には「メキシコ銀一〇〇ドル＝一分銀三〇〇枚」となっている。「一分銀＝一五匁（一両＝銀四分＝六〇匁）」で換算すると、それぞれ、「一ドル＝四二匁」「一ドル＝四五匁」であった。公定レートの「メキシコ銀貨一ドル＝一分銀三・一一個」を「一分銀＝一五匁」で換算すると、「メキシコ銀貨一ドル＝四六・六五匁」となるが、[4] 実務的には「メキシコ銀貨一ドル＝一分銀三個」、すなわち、「メキシコ銀貨一ドル＝四五匁」とされていたから、洋銀の自然相場は、いくぶん、「ドル安」だったことになる。

しかしながら、（一八六〇年）九月には、「一分銀二〇〇枚」、すなわち、「三〇匁」にまで下落する。(5)「メキシコ銀貨一ドル＝四五匁」を基準とすると、万延元年の「一ドル＝三〇匁」は、実に三三・三％もの「一分銀高」「洋銀安」となったのである。

この相場も、一八六一年二月（万延二年一月）には、先のオールコックへの報告では、「メキシコ銀一〇〇ドル＝一分銀二四〇～二四五個」、すなわち、「メキシコ銀貨一ドル＝三六～三六・七五匁」となり、いくぶん、落ち着きを取り戻している。(6)

この後の幕末維新期の横浜洋銀相場については、文久二年～明治一一年の「各年一月期の平均概数（田口卯吉データ）」(7)と文久二年～明治七年の「月平均による最高最低（茂木惣兵衛洋銀平均相場書上）」(8)の二つの系列のデータがよく知られている。(9)山本（一九七九）は、この二系列データのうち明治四（一八七一）年までについて「表形式」に整理し対比しているが（三〇〇頁）、表2―1は、これを明治七年まで延長したものである。

表2―1の第1系列のデータ（田口卯吉データ）を見ると、横浜洋銀相場は、文久二（一八六二）年～慶応四（一八六八）年の七年にわたって、「一ドル＝四五匁（四六・六五匁）」を一度も越えることがなく、幕末の洋銀相場は、最初に決められた公定レート「メキシコ銀貨一ドル＝一分銀三・一一個」よりも、常に「一分銀高」「洋銀安」であった。(10)

第2系列のデータ（茂木惣兵衛洋銀平均相場書上）に関しては、当初は、表2―2のように、輸出超過が続いたことによって洋銀供給が増加し、洋銀相場が下落したが（山口（一九五二）二四一―二四二頁及び山口（一九五七）一九二頁、また山本（一九七九）三〇一頁及び山本（一九九四）一九四頁）、慶応元（一八六五）年頃からは、輸入の増加傾向に転じたことによって洋銀需要が増加し、慶応二年には、「一ドル＝三九・五〇～四六・五七匁」まで洋銀相場が急騰し、ほぼ標準値にまで達しているのである（石井（一九八七）一七五頁）。さらに、石井（一九八七）は、別資料（『各国往復書翰』）を用いて、慶応二年七月と八月の横浜洋銀相場平均を、それぞれ、「売上四五・五三匁、買下

表2-1　文久2年～明治7年の横浜洋銀市場

年	第1系列	第2系列		
	各年1月平均(単位：匁)	月平均による最高最低(単位：匁)		
		最低	最高	平均
文久2(1862)	35.82	31.82	35.87	33.85
文久3(1863)	34.49	34.49	36.47	35.48
文久4・元治元(1864)	35.20	32.61	39.40	36.01
元治2・慶応元(1865)	34.66	34.63	36.93	35.78
慶応2(1866)	39.50	39.50	46.57	43.04
慶応3(1867)	37.63	45.19	50.40	47.80
慶応4・明治元(1868)	44.19	36.09	51.40	43.75
明治2(1869)	52.44	53.03	66.24	59.64
明治3(1870)	63.10	60.00	63.41	61.71
明治4(1871)	60.47	53.39	60.67	57.03
明治5(1872)	61.17	58.62	63.70	61.16
明治6(1873)	62.63	60.99	63.84	62.42
明治7(1874)	61.92	61.77	62.71	62.24
資料出所	田口卯吉 「洋銀排斥論(明治11年12月)」	茂木惣兵衛 「洋銀平均相場書上　(明治8年5月)」		
採録文献	鼎軒田口卯吉全集(1928)101頁 小野(1958)46頁 山本(1979)300頁 山本(1994)194頁	山口(1952)241、250頁 山口(1957)197、200頁 洞(1977)159-160頁 山本(1979)300頁、山本(1994)194頁 石井(1987)175頁、立脇(1986)31頁		

表2-2　1859～1874年の日本の貿易収支

単位：メキシコ・ドル

年	輸出	輸入	貿易収支
1859	1,081,219	541,965	539,254
1860	4,713,788	1,658,871	3,054,917
1861	3,786,652	2,364,616	1,422,036
1862	7,918,196	4,214,768	3,703,428
1863	12,208,228	6,199,101	6,009,127
1864	10,572,223	8,102,288	2,469,935
1865	18,490,331	15,144,271	3,346,060
1866	16,616,564	15,770,949	845,615
1867	12,123,675	21,673,319	△9,549,644
1868	20,435,333	15,000,871	5,434,462
1869	11,485,645	17,356,932	△5,871,287
1870	15,143,246	31,120,641	△15,977,395
1871	19,184,805	17,745,605	1,439,200
1872	24,294,532	26,188,441	△1,893,909
1873	20,660,994	27,443,368	△6,782,374
1874	20,164,585	24,226,629	△4,062,044
資料出所	石井(1987)178頁 『横浜市史 第2巻』548頁 『横浜市史 資料編 2(増訂版)統計編』9頁及び49頁		

四四・七三匁」「売上四五・〇六匁、買下四四・二六匁」とするデータを示して、量目通用による標準値・建値「メキシコ銀貨一ドル＝一分銀三・一一個（一ドル＝四六・六五匁）」に達したことを確認しているのである（一七五頁）。

また、立脇（一九八六）は、洋銀需要の増加を反映して、慶応二年には「一ドル＝三九・五〇〜四六・五七匁（第2系列データ）」まで回復したこと、そして、この洋銀市場の堅調を背景に、「外国勢」が公定レート「メキシコ銀貨一ドル＝一分銀三・一一個」の復活を企図し、先に述べた「改税約書」（慶応二年五月一三日（一八六六年六月二五日））に織り込むことに成功したとの見解を示している。確かに、慶応二年一月の段階では、「（第一系列データ）三九・五〇匁」を示しており、まだ大きな回復を示すほどではなかったが、改税約書の調印後の八、九月には、石井（一九八七）のデータが示すように、「売上四五・五三匁、買下四四・七三匁」「売上四五・〇六匁、買下四四・二六匁」となったのである。

横浜洋銀相場に関するサーベイは、上の通りである。慶応二年に洋銀相場が「一ドル＝三九・五〇〜四六・五七匁」となり標準値・建値（一ドル＝四五匁）をほぼ回復したことについて、輸入の増加による洋銀需要の増加が通説となっているが、私見では、日本経済のグローバル化の始まり（ロンドン市場における「横浜向け為替相場」の「東アジア向け（香港・シンガポール向け）為替相場」との連動）が影響を及ぼしているのである。これについては、第3節で詳細に論考する。

2　日英為替レート

第1章では、常に日本との外交交渉の先陣にいたアメリカとの関係を中心に洋銀をめぐる問題を整理したが、幕末の日本の主要な貿易相手国は、実際には、イギリスであった。一八六〇年の横浜港の輸出入額合計は、四九〇万ドルであったが、一八六五年には、三〇六二万ドルとほぼ六倍増加となっている。国別シェアで見ると、当初は、アメリカが三二％ほどを占めていたが、南北戦争（一八六一～一八六五年）のために一・五三％まで落としたのに対して、イギリスは、アメリカのシェアを埋めるかのように、五五・三二％から八五・九三％まで伸ばしている（『横浜市史 第二巻』五四八頁及び五六四頁）。したがって、英米両国を合わせたシェアは、八七％台を維持し、ほとんど変化が見られなかった。

南北戦争によるアメリカ国内の政治的経済的混乱やアメリカ南部での綿花等の生産構造の変化（比較生産費の状況を表すパラメータ（α）の変化）もさることながら、この期間には、（第7節で見るように）日米の相対価格 p^*/p が上昇したのに対して、（この節で説明するように）日英の相対価格 p^*/p は、大きく下落した。これが、横浜貿易の三分の一のシェアを占めていたアメリカに代わって、イギリスが大きくシェアを拡大する状況に至った経済学的な理由である。

この節では、こうした経済的状況を踏まえ、日英の経済データを概観する。先に述べたように、日本は、五か国との修好通商条約等の施行（安政六（一八五九）年）によって通商を開始し、その翌年の万延元（一八六〇）年には「横浜洋銀相場」も開かれるようになる。他方、一八六〇年代のイギリスでは、産業の中心が「繊維」から「鉄鋼」へと変わった。イギリスは、「世界の工場」として世界経済の「産業上の主導権」を握るに至り[11]、ロンドンの国際金融市場も、世界経済の「支配的地位」を占めるようになる[12]。

イギリスは、こうした経済状況にあったことから、表2―3が示すように、物価は概ね安定的であった。これに対して、日本では急激な物価上昇が起こった。日英相対価格 p^*/p は大きく低下し、一八六〇年からの一〇年間で四分の一となった。

為替市場を見ると、国内的には、一八六〇年からメキシコ・ドルと一分銀との交換比率を表す「横浜洋銀相場」が形成された。国際的にも、時を置かずしてロンドン市場と香港市場において「横浜向け為替」の取引が始まり、日本は、通商開始から数年で国際通貨体制（国際為替相場）にリンクされることとなる。

　これまで幕末貨幣史においては、ロンドン市場や香港市場のデータに関する研究はほとんど行われていなかった。表2―3に採録されたデータは、「一〇〇ポンド当たりのメキシコ・ドル」で表されたロンドン市場での期限六か月ものの売手形の値である（Denzel（2010）p.533）。横浜洋銀相場は、一八六五年まで「ドル安」で推移し一八六六年以降に「一分銀安」傾向になるのに対して、ロンドン市場の横浜為替（メキシコ・ドル為替）は、一八六四年まで「ドル高・ポンド安」で推移し、それ以後は「ドル安・ポンド高」で安定している。なお、一七〇四年のアン女王の布告や一七八九年のアメリカ法によって、スペイン・ドル（メキシコ・ドル）が四シリング六ペンス、すなわち、一ポンドが四・四四四四ドルとされ、アメリカでは、ポンドとアメリカ・ドルの為替相場も、一八七三年までは、この平価を基準として決定されていたのである（Nussbaum（1957）日本語訳二五―二六頁及び Denzel（2010）p.405）。したがって、表2―3・表2―4の「ポンドとメキシコ・ドル」の為替相場も、「一〇〇ポンド＝四四四・四四メキシコ・ドル」を「建値（標準値）」としているのである。

3　ロンドン市場・横浜向け為替相場の国際的連動性

表2―3を見ると、ロンドン市場での横浜向け為替が、一八六四年から一八六五年にかけて、四〇〇・二五ドル／一〇〇ポンドから四三九・二七ドル／一〇〇ポンドへと大幅な「ドル安」となっている。これは、明らかに国際相場への調整（国際相場への「さや寄せ」と連動）の結果である。
　表2―4には、香港市場での「横浜向け為替（期限一〇日の売手形）」のデータが採録されている（原資料は、Denzel（2010）p.535）。これは、香港市場でのメキシコ・ドルに対する横浜のメキシコ・ドルの交換比率を示している。香港、横浜ともに、取引ベースの通貨はメキシコ・ドルであることから（共通通貨であることから）、本来であれば、

表2-3　日英相対価格と実質為替レート

年	卸売物価指数		日英相対価格	為替レート			
	日本（大坂）p	イギリス p^*	p^*/p	横浜洋銀相場	ロンドン市場（対 横浜相場）	名目為替レート e	実質為替レート ep^*/p
1860	100.00	100.0	1.000				
1861	112.45	99.6	0.886				
1862	105.78	105.5	0.997	33.85	383.00	129.65	129.26
1863	112.93	109.3	0.968	35.48	400.37	142.05	137.51
1864	137.55	112.3	0.816	36.01	400.25	144.13	117.61
1865	181.77	105.8	0.582	35.78	439.27	157.17	91.47
1866	287.69	106.5	0.370	43.04	431.50	185.72	68.72
1867	313.20	103.9	0.332	47.80	441.85	211.20	70.12
1868	280.34	103.1	0.368	43.75	447.51	195.79	72.05
1869	426.39	101.9	0.239	59.64	444.52	265.11	63.36
1870	385.65	100.3	0.260	61.71	444.48	274.29	71.32
1871	287.48	102.6	0.357	57.03	450.73	257.05	91.77
1872	240.41	112.5	0.468	61.16			
備考	1860年=100に調整			匁/メキシコ・ドル	100ポンド当たりのメキシコ・ドル	匁/ポンド	
資料出所	新保（1978）282頁	Mitchell（1908）p.28		「洋銀平均相場書上」山口（1952）ほか	Denzel（2010）p.533		

表2-4　横浜と香港の為替レート比較

年	香港市場（対 横浜）	ロンドン市場			香港市場（対 ロンドン）
		（対 横浜）	（対 香港）	指数	
1862	94.00	383.00	441.18	86.81	232.58
1863	94.75	400.37	413.12	96.91	237.76
1864	95.10	400.25	415.72	96.28	237.67
1865	100.71	439.27	441.81	99.43	225.00
1866	99.64	431.50	439.31	98.22	224.48
1867	99.09	441.85	455.46	97.01	222.23
1868	98.70	447.51	455.54	98.24	221.62
1869	99.53	444.52	444.19	100.07	219.68
1870	99.67	444.48	449.50	98.88	223.27
1871	98.81	450.73	457.41	98.54	222.92
1872			446.60		222.92
備考	メキシコ・ドルでの横浜／香港	100ポンド当たりのメキシコ・ドル	100ポンド当たりのメキシコ・ドル	香港＝100とした横浜の指数	1000メキシコ・ドル当たりのポンド
資料出所	Denzel（2010）p.55，519，533及びp.535				

同一国内での為替取引と同様に、両地の割引率（利子率）等の差異のみが為替レートに影響を及ぼすはずである。実際、一八六五年以降は、このような交換比率となったが、一八六四年以前には、横浜向け為替九四～九五ドルが香港では一〇〇メキシコ・ドルと評価されていたのであった。

この状況を、表2―4のロンドン市場での「横浜向け為替」と「香港向け為替」との比較で見ると、一八六九年を除き、横浜向け為替「高」である（ともに、一〇〇ポンド当たりのメキシコ・ドル表示、期限六か月の売手形、原資料はDenzel（2010）p.519, 533）。市場取引が始まった当初の一八六二年には、横浜為替は香港為替よりも一三％以上高く、一八六三年や一八六四年でも三～四％ほど高かったものの、一八六五年以降は、それぞれの市場特性・地域特性による差異とみなせるほどの違いになっている（表2―4の「指数」を参照）。

このように、一八六五年以降、横浜と香港間で為替レートの差異は縮小したが、同じ東アジアでも香港とシンガポール間では、もともと差異が見られないのである。すなわち、Denzel（2010）p.55によると、香港市場とシンガポール市場の「ロンドン向け為替」（ともに、一〇〇〇メキシコ・ドル当たりのポンド表示、期限三〇日の売手形）は、一八七〇年を除き、まったく同じ値になっているのである（このために、表2―4には、香港のみを採録している[13]）。外国為替ではあるが、ともにポンドとメキシコ・ドルを共通通貨とした外国為替であるために、香港とシンガポールとの間で地域的差異は見られないのである。

この点からすれば、東アジアの国際金融はすでにグローバル化の中にあったことになる。先に述べたように、日本は、日米修好通商条約（安政六（一八五九）年）をはじめとする修好通商条約等によって五か国（アメリカ・イギリス・フランス・オランダ・ロシア）との貿易を始めた。その翌年には「横浜洋銀相場」も開かれるようになったが、それから五年ほどの短い年月で、ロンドン市場での「横浜向け為替」は、「香港向け為替」とほぼ同じ動きを示すようになったのである。つまり、一八六五年、通商開始から五年ほどでロンドン市場での「横浜向け為替相場」が「東アジア向け為替相場」に「さや寄せ」され、ほぼ連動するようになったのである。表現を換えると、「横浜為替市場」は、国際為替市場の「東アジア・サブシステム」に統合されることになったのである。

しかも、この「横浜為替市場」の国際為替市場の「東アジア・サブシステム」への統合は、横浜ローカルの動きではなく、英米間の為替の大変動を受けてのものであった。詳細は、第7節で述べるが、日本の幕末期に、アメリカは南北戦争に入っている。アメリカ政府は、戦費調達のために、不換紙幣（紙ドル）の「グリーンバック（Greenback）」を大量に発行した。このため、英米間の為替相場（ドル／ポンド）は、事実上、金属平価から切り離され、変動為替相場制（紙ドル／ポンド相場）に移行する。一八六五年の南北戦争の終結とともに、英米間の為替レートは、再び、金属平価（英ソブリン金貨・米イーグル金貨）にリンクした為替レートに戻る。第7節の表2―5は、一八六四年の九三四・九〇ドル／一〇〇ポンドから一八六五年の四八四・二八ドル／一〇〇ポンドへのこの間の急激なドル高・ポンド安を示している。このような英米間の為替変動は、歴史的に見ても稀有であるが、金属平価の観点から見れば、英米間の為替レートの建値（標準値）が金属平価（英ソブリン金貨・米イーグル金貨交換比率）に戻ったに過ぎないのである。このことは、当然に、ロンドン市場での「メキシコ・ドル為替相場」にも影響を及ぼすことになる。香港向け為替やシンガポール向け為替と異なる動きを示していた「横浜向け為替」も、香港・シンガポール向け為替と同様に、完全に同一の金属平価（英ソブリン金貨・メキシコドル銀貨）を為替レートの建値（標準値）とするようになったのである（表2―4の一八六五年以降のデータを参照のこと）。

4　横浜洋銀相場――建値と中心相場

ロンドン市場での「横浜向け為替相場」が、香港・シンガポール向け為替と同様に、金属平価（英ソブリン金貨・メキシコドル銀貨）を建値とし、為替レートも、香港・シンガポール向け為替相場に「さや寄せ」される状況は、横浜洋銀相場にも直接的な影響を及ぼす。すなわち、横浜洋銀相場での金属平価「メキシコ銀貨一ドル＝一分銀三個（四五匁）」の復活である。

ハリス（アメリカの初代駐日総領事）が同種同量の原則を主張し、日本側にさまざまな圧力を加えたことは、すでに説明した通りである。この結果、ハリスの主張は、安政四（一八五七）年の「日米条約（下田条約）」の第三条や安政五年の日米修好通商条約の第五条に盛り込まれ、調印されるに至る。これらの規定に従って、日米修好通商条約の施行から一年間は、「メキシコ銀貨一ドル＝一分銀三・一一個」（実務的には、「メキシコ銀貨一ドル＝一分銀三個（四五匁）」）の固定された交換比率で貿易等が行われることとなったのであった。しかしながら、この期間においても、実際上は、洋銀の自然相場が形成され、万延元（一八六〇）年四月には、「メキシコ銀貨一ドル＝一分銀二枚半（三七・五匁）」となっていたのである（洞（一九七七）一五四頁）。

幕府と外交団との間で、民間の商取引に限定した形で（外交官・軍艦乗組員は従来通り）、「時相場を以て取引致すべき旨」で交渉がまとまり、横浜開港一年後の万延元年五月一三日（一八六〇年七月一日）から、自然相場が公認され、横浜洋銀相場となったのである。ところが、五月二九日付で神奈川運上所（税関）に洋銀相場を「一ドル＝銀三六匁」とする旨が掲示された（石井（一九四一ｂ）四一―四三頁、石井（一九八七）一六〇―一六二頁、洞（一九七七）一五五―一五八頁及び『横浜市史 第二巻』三三〇―三三二頁）。これに対して、外交団は、日本の当局が干渉をなくして自然相場に任せると了解したにもかかわらず、神奈川運上所が、連日、「一ドル＝銀三六匁」の旨を掲示することで洋銀相場をほしいままに下げているとして、幕府に強く抗議した。六月二一日には、老中がイギリス公使に対して、役人が心得ておくべき市中相場を掲示したことは、役人の手違いであると弁明し、以後掲示を取りやめることを約束し、公使もこれを了解して、問題は収束した。

一八六二（文久二）年～一八六五（元治二・慶応元）年の横浜洋銀相場を見ると（表2―1）、最低三一・八二匁（一八六二年）～最高三九・四〇匁（一八六四年）の範囲での変動になっている。「洋銀の減価はけっして幕府が専断的に人為的につくり出したものではなく、それは自然相場のあらわれであった」（洞（一九七七）一五五頁）のである。洞（一九七七）によれば、この洋銀の減価の理由として、⑴「メキシコ銀貨一ドル＝一分銀三個（四五匁）」の交換比率が、単なる「量目」に過ぎないこと、⑵洋銀の純銀率が一分銀よりも劣り、その真価は一分銀三個以内であったこと（イギリスの神奈川駐在領事がメキシコ銀貨一ドルの地金としての価値が一分銀二・三個（三四・五匁）相当と見ていたこと）、⑶輸出超過による洋銀の流入と一分銀の鋳造能力貧弱性による供給不足、⑷中国貿易組合によって劣悪なドルが輸入されたこと、⑸日本商人が洋銀の受け取りを嫌い、開港地以外には洋銀が通用しなかったこと等が考えられるのである（一五七―一五八頁）。

こうしたことが洋銀減価の要因であるとしても、横浜洋銀相場は、この「一ドル＝三六匁」を中心相場として相場形成が行われており、同種同量の原則に基づく金属平価「メキシコ銀貨一ドル＝一分銀三個（四五匁）」からは、大きく逸脱していた。まさしく、山口が指摘するように、「洋銀相場は一分銀との実体価値比較を離れて、外国貿易による取引需要によって動く現銀外国為替となってきた」（山口（一九五二）二四三頁及び山口（一九五七）一九三頁）のである。

メキシコ銀貨と一分銀の実体価値（金属平価）を離れた為替相場は、明らかに変動為替相場である。横浜洋銀相場は、外国の圧力に屈して、「一ドル＝一分銀三個（銀四五匁）」交換を承認したとの印象が非常に強いためか、多数説は「（貴金属としての）銀貨交換相場」であることを前提としているように思われるが、この時期の相場は、「金属平価の存在しない変動相場制の状態に入っていった（金属平価が存在しないという意味で、現在の日本の変動相場制と同一の性格をもつ）」のである（藤野（一九九〇）二一二頁）。

日本では、明和二（一七六五）年以降、銀貨は「計数銀貨」に変わり、「大坂の金相場・江戸の銀相場」で金銀交換レートが決まるようになっている。このほぼ一〇〇年後の幕末に至ると、金銀交換の公定レート「金一両＝銀六〇匁」は完全に崩れ、極論をいえば「一分銀等の銀貨は名目鋳貨に過ぎず、本質的には、銀に印刷された紙幣に等しい」状態にあったのである。日本国内では、すでに一〇〇年にわたって、金銀の金属平価から離脱した相場

（金銀の変動相場制）が形成されており、洋銀相場が変動相場で決定されることへの不安感・抵抗感は小さかったと思われるのである。石井（一九四一b）は、イギリスの Commercial Report からの引用として、「日本の貨幣は、外人に関する限り、国内貿易業者間に存する需要供給に応じて上下する所の単なる商品に過ぎない」（五六頁）と記しているが、横浜においても、ドルは投機物となっており、一般の日本商人は、一分銀とドルとの差異を商品価格に転嫁し、ドルで価格をつけることによって損失リスクを回避する行動をとるようになったのである（『横浜市史 第二巻』三三三―三三四頁及び洞（一九九七）一五五―一五六頁）。

ところで、ロンドン市場での「横浜向け為替相場」の建値が、香港・シンガポール向け為替と同一の金属平価「一〇〇ポンド＝四四四・四四メキシコ・ドル」となったことの余波で、横浜洋銀相場も、金属平価を離脱した「一ドル＝三六匁」の中心相場から、金属平価「メキシコ銀貨一ドル＝一分銀三個（四五匁）」の建値に戻ることになる。変動為替相場制から固定為替相場制への移行である。[14] この移行には、⑴横浜での洋銀取引業者数の増加と外国銀行の横浜支店の開設による取引環境の向上、及び⑵外交団の政治的圧力が影響していたのである。

まず、日本の洋銀取引業者は、次の状況にあった（以下、「原稜威雄調査」復刻版一〇一頁による）。一八六二（文久二）年頃までには、横浜に一七～一八軒の「周旋屋」があり、店舗を持たずに、売込商（輸出商人）や引取商（輸入商人）を回って、仲介手数料を得ることを仕事としていたが、同年頃に本町四丁目の生糸輸出商の肥前屋小助が神奈川奉行の許可を得て、洋銀両替商を始めたことを契機に、元治元（一八六四）年には、三〇軒余りの「弗屋（ドル屋）」が生まれていたのである。さらに、洞（一九九七）によれば、このドル屋には、「大ドル屋（普通の両替商）」と「小ドル屋（才取）」があり、「大ドル屋」の多くは、南仲通りに店舗を構え、輸出商人から洋銀を買い入れ、これを輸入商人、外国銀行さらには中国商人に売却していたのである（一七〇頁）。

一方、一八六二年までは横浜に外国銀行の支店がなかったために、外国商社自らが為替業務を行うか、外国銀行の代理店業務を行っていたのである。一八六三年三月に、日本での最初の外国銀行の支店としてセントラル銀行

(Central Bank of Western India) の横浜支店が開設され、さらに、チャータード・マーカンタイル銀行 (Chartered Mercantile Bank of India) とインド商業銀行 (Commercial Bank of India) の横浜支店が開設されるに至っている (Black (1880) の日本語訳 (第一巻) のほかに、斉藤 (一九八三)、立脇 (一九八七b) (一九九七) 及び菊池 (二〇〇五) を参照のこと)。翌一八六四年には、オリエンタル銀行 (Oriental Bank Corporation) とヒンドスタン銀行 (Bank of Hindustan, China and Japan) の横浜支店も開設される (なお、現在、世界有数の金融機関として存続している香港上海銀行の横浜支店の開設は、一八六六年である)。

「外国銀行の主要業務はロンドン、香港、上海手形の売買であった」(斉藤 (一九八三) から、前節で見たように、ロンドン市場や香港市場等との動向と国際連動性に常に注意を払う必要があり、外国銀行の横浜支店開設によって「横浜為替市場」は、まさに国際為替市場の「東アジア・サブシステム」に統合されることになったのである。

次に、先の外交団の政治的圧力は、本章第1節で述べた改税約書のことである。これは、横浜洋銀相場の低迷に耐えかねた外交団が、洋銀相場の増価を求めたものであったが、洋銀相場は市場取引によるものとし、外交官・軍艦乗組員に対しては、運上所において、これまで通りの公定レート「メキシコ銀貨一ドル＝一分銀三・一一個」で交換することを、改めて「改税約書」に明記する旨の取り決めであった。公式には、洋銀相場開設時と同一事項の確認にとどまったものの、横浜洋銀相場は、この慶応二 (一八六六) 年から上がりだし、従来にない四六・五七匁の最高値をつけることになる。

政治的圧力のみで、相場が変わるわけではないが、上で述べたように相場をめぐる経済的環境は、すでに整っていたのである。ここに、一八六五年の為替の国際的調整から一年のラグをもって、横浜洋銀相場も、当時のグローバル・スタンダードの金属平価基準に従って、「メキシコ銀貨一ドル＝一分銀三・一一個 (実務的には、三個)」で取引されることとなったのである。

以上が、横浜洋銀相場が、各国との修好通商条約締結による公定レートの実施から変動為替相場制への移行、さらに金属平価による固定相場制への移行の説明であるが、一八六九（明治二）年以降については、山本（一九九四）を付加する必要がある（一九六―一九九頁）。山本（一九九四）は、「貿易収支ないし国際収支の順調・逆調が洋銀相場の変動の基本要因であった」（一九〇頁）としているが、明治に入ってからの洋銀相場の急騰には取引標準貨幣の変化を考えるべきであるとしている。すなわち、一八六九（明治二）年には、「洋銀市場の「建値」通貨が一分銀から二分金に変更された」と見ているのである（山本（一九九四）一九九頁）。「万延二分判金」は、その鋳造額が約五〇〇〇万両にのぼったことや、（グレシャムの法則が作用して）品位等の面から他の貨幣を放逐したことから、幕末期の流通金貨の主流となっていたのである。[15]「万延二分判金」二枚が建値通貨に変更されたことと、明治に入っても、国内での貨幣の公定レートは依然として「二分判二枚＝四分＝一両＝銀六〇匁」であったことから、これ以後の洋銀相場は「一ドル＝六〇匁」を基準値として動くことになる。この「万延二分判金」は、「重さ〇・八匁、金品位二二八・二、銀品位七七一・八」であったから、「万延二分判金」二枚（＝一両）には、「純金量〇・三六五一二匁（一・三七グラム）、純銀量一・二三四八八匁（四・六三グラム）」が含まれていることになる。他方、「メキシコ・一ドル銀貨」は、「重さ四一七と一七分の一五グレイン、純銀量三七七・二五グレイン（二四・四四グラム）」であることから、金銀相対価格が一四・四六程度であれば、金属平価の観点からは、「万延二分判金二枚＝メキシコ銀貨一ドル」、あるいは「メキシコ・ドル＝六〇匁」となる。

この節を終えるにあたり、以上を整理すると次のようになる。すなわち、

第一期　一八五九年七月一日～一八六〇年六月三〇日（安政六年六月二日～万延元年五月一二日）

「同種同量の原則」に従って、「メキシコ銀貨一ドル＝一分銀三・一一個（四六・六五匁）」、

実務的には、

「メキシコ銀貨一ドル＝一分銀三個（四五匁）」での固定レート

第二期　一八六〇～一八六六年（万延元年～慶応二年）
変動為替相場制（中心相場は、「メキシコ銀貨一ドル＝三六匁」）
第三期　一八六六～一八六九年（慶応二年～明治二年）
固定為替相場制（建値は、「メキシコ銀貨一ドル＝四五匁」）
第四期　一八六九年～（明治二年～）
固定為替相場制（建値は、「メキシコ銀貨一ドル＝六〇匁」）

である。

5　マクロ経済学的考察

さて、「貿易収支の順調・逆調が洋銀相場の変化の基本要因であった」とする考え方が通説となっている。この通説は、「財・サービスの輸出」をX、「財・サービスの輸入」をM、名目為替レート（両／メキシコ・ドル）をeで表すと、

(1)　$X-M>0$ならば、eの低下（両高・ドル安）

(2)　$X-M<0$ならば、eの上昇（両安・ドル高）

として示される。

図２―１は、一八六二（文久二）～一八七一年（明治四）年の一〇年間の「貿易収支（表２―２のデータの三か年移動平均）」と「横浜洋銀相場（表２―１の第２系列データ）」を示している。確かに、この図からは、貿易収支の

「逆調の基調」が「両安・ドル高の基調」を引き起こしているように読み取れるが、前節で述べたように、為替レートの変動には、建値の変更が大きく関わっていたのである。

図2―2は、前節で整理した事項を図示したものである。「階段状」のグラフは、横浜洋銀相場の事実上の「平価切り下げ」を示している。横浜洋銀の需給状況は、この階段の上下での変動であり、一八六二～一八六五年は、中心相場「メキシコ銀貨一ドル＝三六匁」、一八六六～一八六八年は、建値「メキシコ銀貨一ドル＝四五匁、また、一八六九年以降は、建値「メキシコ銀貨一ドル＝六〇匁」をベースとした洋銀の需給変動を示しているのである。

ここから、横浜洋銀相場の事実上の「平価切り下げ」にもかかわらず、貿易収支は、なぜ改善しなかったのかという別の問題が起こる。これを解くために、藤野（一九九〇）に従ってマクロ経済学的分析を行う（一九五―二一四頁）。

まず、ここで経済学以外の分野の方々の利便性を考え、藤野モデルを標準的なマクロ経済モデルで表現すると、

$$Y = C + I + G + X - M \qquad (1)$$

となる。ここで、Yは「GDP」、Cは「民間消費支出」、Iは「民間投資」、Gは「政府支出」である。XとMは、上と同様、それぞれ、「財・サービスの輸出」と「財・サービスの輸入」を表している。

$S_{pvt} = Y - T - C$とおくと、ただちにISバランス式

$$S_{pvt} = I + (G - T) + (X - M) \qquad (2)$$

が導出される。ここで、S_{pvt}は「民間貯蓄」、Tは「租税」（したがって、（$T - G$）は「政府財政収支」）を表している。なお、（$X - M$）は「貿易・サービス収支」を示すが、この時代の「所得収支」が「少額」であるとすれば、これを「経常収支」とみなしてもよい。

図２－１　貿易収支と横浜洋銀相場

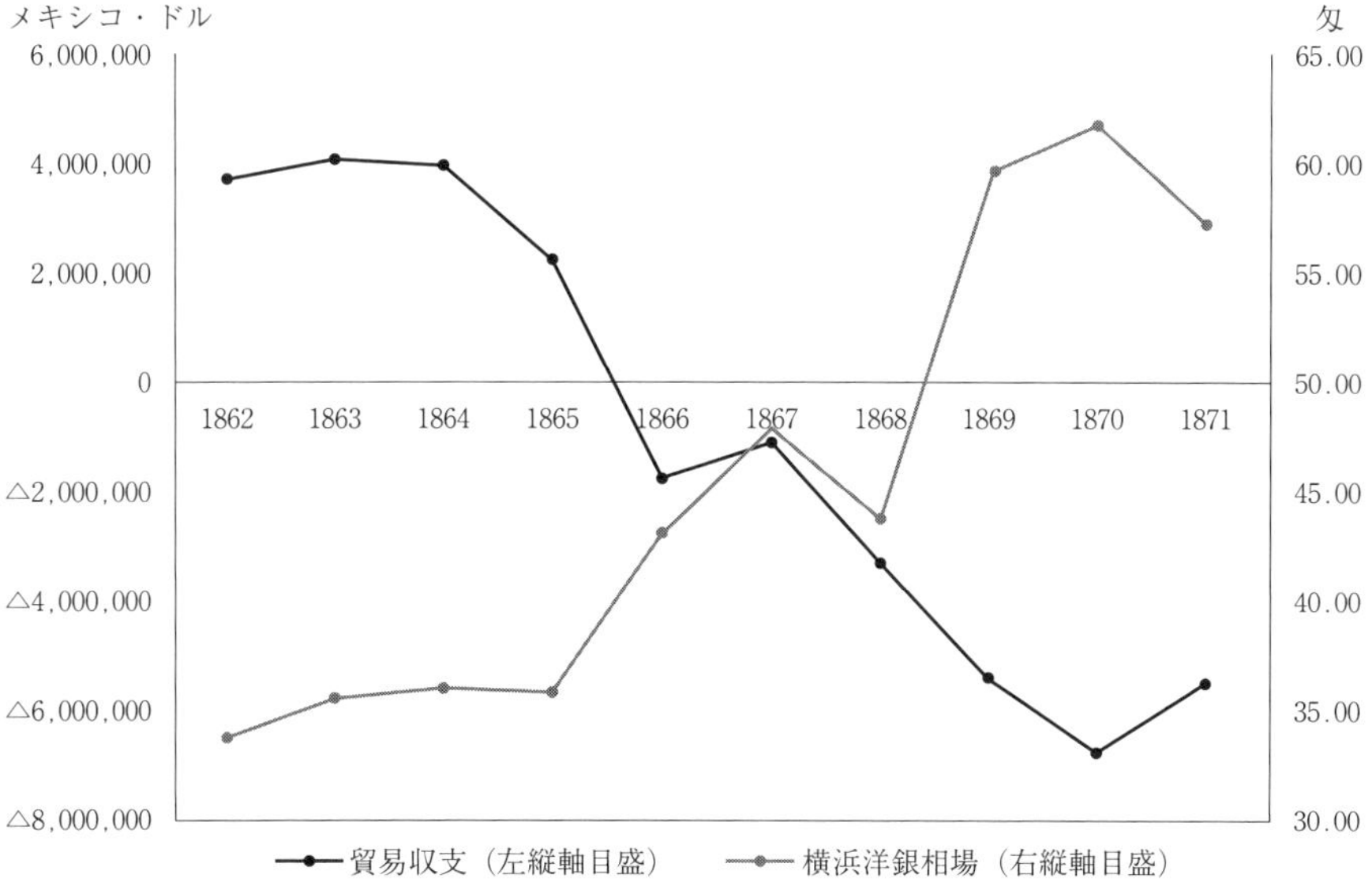

図２－２　横浜洋銀相場と建値

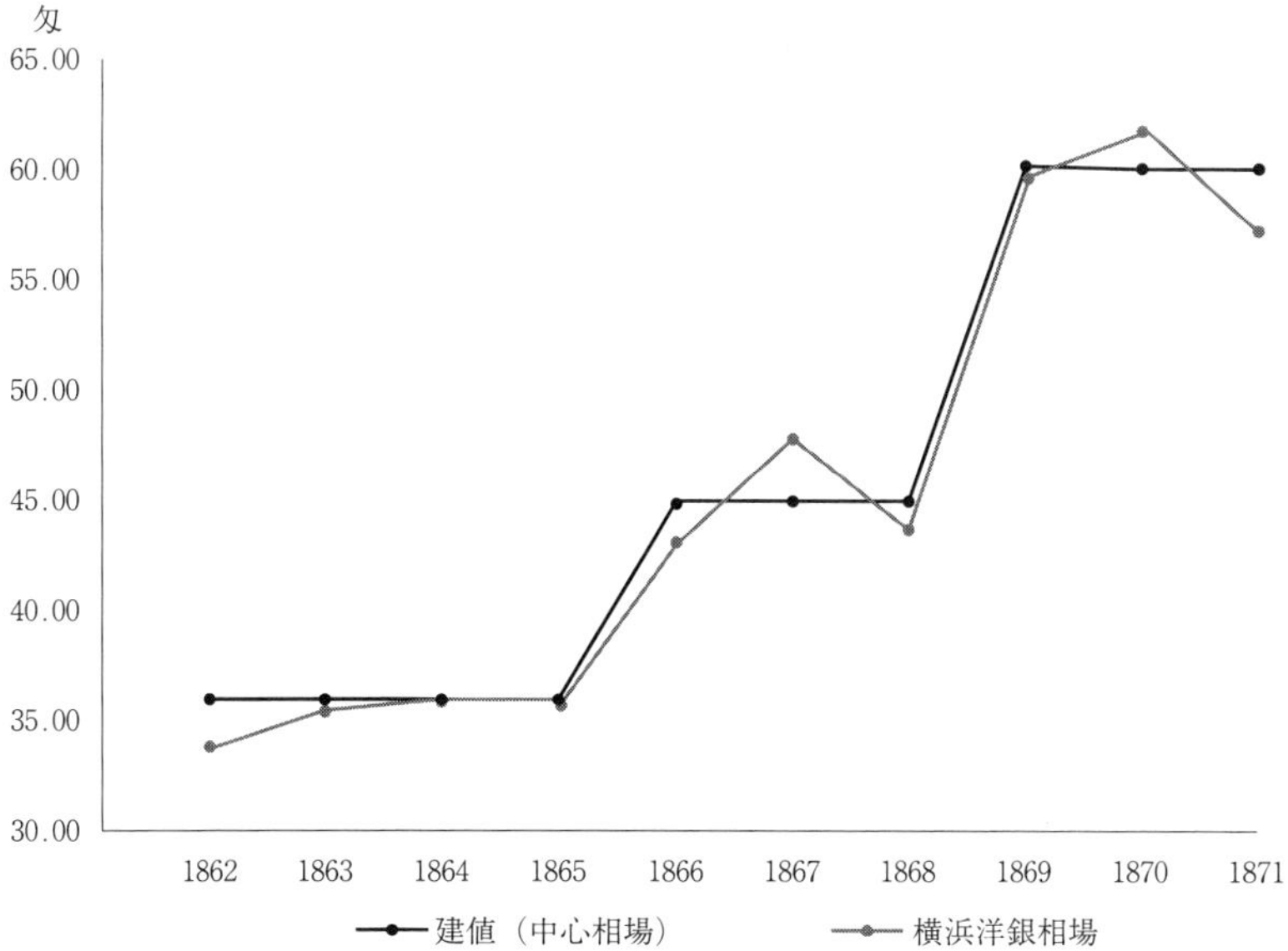

マクロ経済モデルでは、名目為替レート（両／メキシコ・ドル）よりも、実質為替レートを考えることが一般的である。ここで、日本の物価水準をp、外国の物価水準をp^*とすれば、実質為替レートは

$$ep^*/p$$

と表されるが、一般に、輸出関数Xは、実質為替レートep^*/pの増加関数、また、輸入関数Mは、その減少関数である。

藤野モデルの特徴は、日本と外国との「比較生産費の状況を表すパラメータ（α）」が導入されていることである。このαは、生産要素の相対的賦存量と相対的な技術の利用可能性とに依存するが、輸出関数Xは、αの増加関数、輸入関数Mは、αの減少関数であることが仮定されている。

以上の仮定に加え、通常のマクロモデルのように、輸入関数Mは、Y（GDP）の増加関数であることを仮定すれば、輸出関数Xと輸入関数Mは、次の式に整理されることになる。すなわち、

$$X = X(\underset{(+)}{ep^*/p},\ \underset{(+)}{\alpha})$$

$$M = M(\underset{(+)}{Y},\ \underset{(-)}{ep^*/p},\ \underset{(-)}{\alpha})$$

である。このとき、経常収支（貿易収支）は、

$$X(ep^*/p, \alpha) - M(Y, ep^*/p, \alpha) = S_{pvt} - (I + G) + T \qquad (3)$$

として表されることになる。

この⑶式は、貿易収支（＝$X-M$）が、民間投資・政府支出（$I+G$）の影響を受けるとともに、名目為替レートeではなく、実質為替レートep^*/pによって決定されることを示している。なお、本来の藤野モデルは、世界モデル（二国モデル）であり、「日本の輸入＝外国の輸出」と「日本の輸出＝外国の輸入」を考慮して「実質為替レートep^*/p」が決定され、日本と外国の相対価格（相対購買力平価）p^*/pに応じて、名目為替レートeが決定されるモデルになっている。

実際、藤野（一九九〇）は、このマクロ経済モデルに基づき、一八六〇〜一九四〇年の八〇年間のデータを用いて、「実質為替レートep^*/p（両／ドルまたは円／ドル表示）と（$I+G$）/Y比率」の関係及び「実質為替レートep^*/p（両／ドルまたは円／ドル表示）と日米相対購買力平価p^*/p」の関係を実証的に検討し、相互に密接な関係があることを見出したのである（一九五―二一四頁）。

6　日英実質為替レートと貿易収支

さて、第2節の冒頭で述べたように、一八六〇〜一八六五年の輸出入額（横浜港）の国別シェアは、英米で九割弱（八七％程度）を占めていた。アメリカが、南北戦争のために、三二％から一・五三％までシェアを落としたのに対して、イギリスは、五五・三二％から八五・九三％まで伸ばしているのである。従来の幕末経済史の分析では、実際の決済通貨であるメキシコ・ドルを分析の中心に置いてきたが、輸出入額の八六％をイギリスが占め、イギリス商社にとっての最終通貨がポンドであることからすれば、イギリス（商社）にとっての外国為替を「匁とメキシコ・ドル」関係と捉えることは不自然であり、メキシコ・ドルを媒介としての「匁とポンド」関係として捉え直すほうが適切であろう。

第2節の表2―3の「名目為替レートe（匁／ポンド）」は、「横浜洋銀相場（匁／メキシコ・ドル）」とロンドン市場の「横浜相場（メキシコ・ドル／一〇〇ポンド）」を乗じた値（単位調整値）を示している。この表からは、「匁安・ポンド高」の一般的な傾向が読み取れ、また、ロンドン市場において横浜相場が香港相場へ「さや寄せ」された一八六五年と、横浜洋銀相場において急激な「匁安・洋銀高」が進んだ一八六七年において、急激な「匁安・ポンド高」が進んだことが読み取れる。

本来、「匁安・洋銀高」や「匁安・ポンド高」が続けば、貿易インバランスが解消し均衡に向かうことが期待されるが、一八六七年には輸入超過に陥っている。

匁安・ポンド高にもかかわらず、輸出超過額がしだいに減少し、輸入超過となった理由のひとつは、当時の日本の最大の貿易相手国であるイギリスとの関係を見ると、「実質為替レート」が、名目為替レートの動きとは逆に、「匁高・ポンド安」となっていたことにある。表2―3が示すように、一八六〇年以降、日本では物価上昇が続き、日英相対価格 p^*/p は大きく低下する。この結果、実質為替レート ep^*/p は、一八六二年の一二九・二六から一八六九年には六三・三六となり、「実質的な匁高・ポンド安」が急激に進む。これによって日本の貿易収支は悪化する。図2―3は、この日英実質為替レートと貿易収支との関係を示している（ただし、貿易収支は、「三か年移動平均」のデータである）。

実質為替レートの変動によって、輸出入額は変動するが、輸出入額は、実質為替レートのみから決まるわけではない。前節で見たように、(3)式の「比較生産費の状況を表すパラメータ（α）」や「民間投資・政府支出（$I+G$）」にも大きな影響を受ける。

「比較生産費の状況を表すパラメータ（α）」に関する歴史的事例としては、輸出主要品であった「生糸」の激減を挙げることができよう。これを横浜港輸出品で見ると、「生糸」は、開港直後から急増し、慶応元（一八六五）年には、一四六一万ドルに達したが、慶応二年には七〇三万ドルとほぼ半減し、慶応三年には五二一万ドルと三分の一になっている（石井（一九四四）九三―九七頁）[16]。また、輸入品に関しては、綿織物や毛織物が減少し、「食料

図２－３　日英実質為替レートと貿易収支

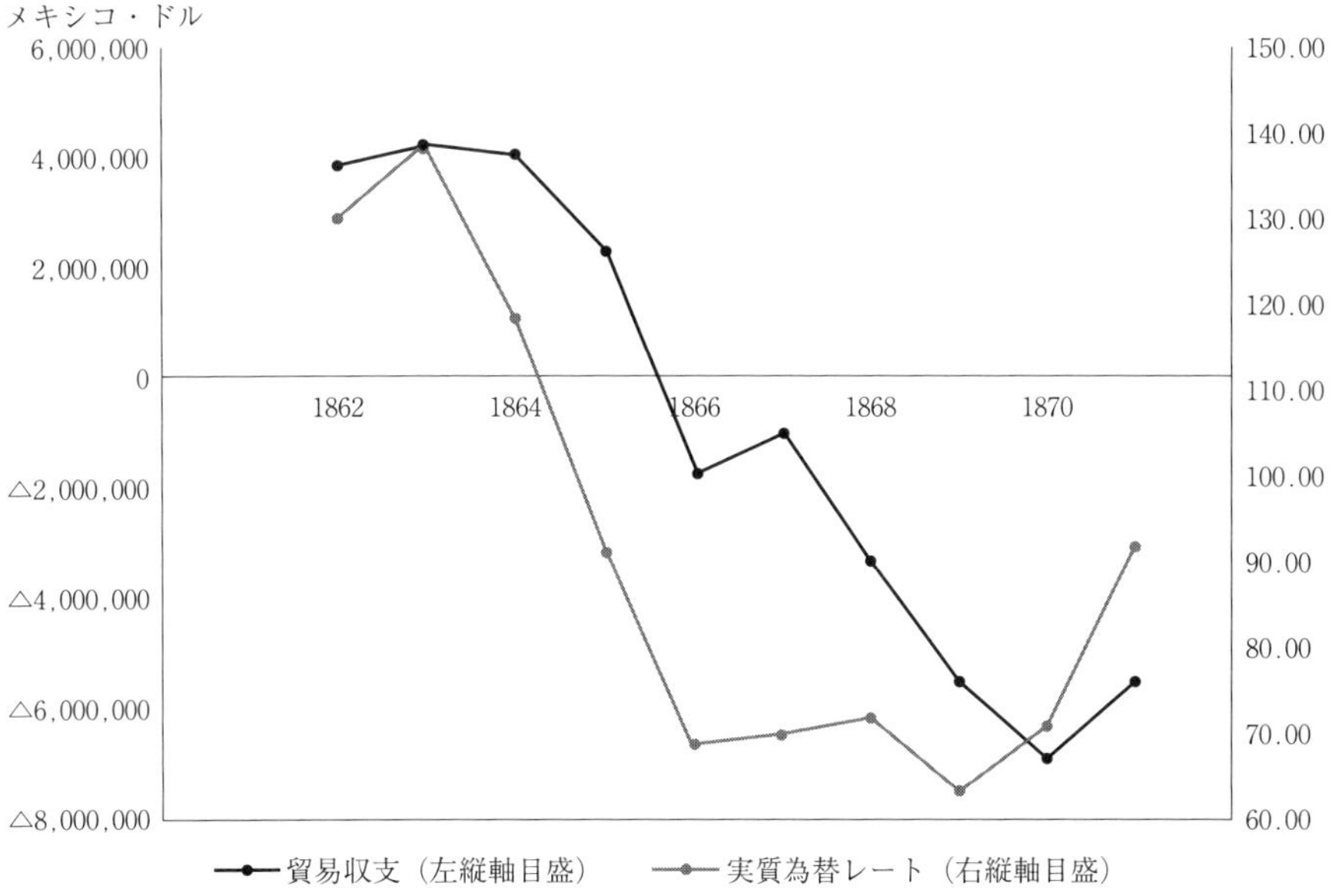

品」が増加している。これを横浜港輸入品で見ると、慶応元年の綿織物や毛織物の輸入額は、それぞれ、四七〇万ドルと五七六万ドルであったが、慶応三年には、三七七万ドルと三四九万ドルに減少したのに対して、「砂糖」は、一八万ドルから一二八万ドルに増加している。なお、αに関する事項ではないが、慶応三年には、前年の凶作と兵糧米備蓄による米不足のために「米」も一五〇万ドルほど輸入されたことを付け加えておく（石井（一九四四）一三〇―一三八頁及び一四一頁）。

マクロ経済学的には、「民間投資・政府支出（$I+G$）」や政府財政収支$G-T$も、貿易収支に影響を及ぼす。(3)式が示すように、政府支出の増加や政府財政収支赤字の増加は、確実に、貿易収支を悪化させる。大口（一九八二）や三上（一九九二）は、幕府支出や各藩の支出の急増による財政の紊乱化によって、「江戸幕府・破産への道」を進んだとする考え方をとっているが、この考え方はともかくとして、幕府と諸藩の財政悪化は、確実に貿易収支を悪化させる。実際、慶応元年の「武器」八五万ドル、「艦船」二四万ドルに対して、慶応三年には、「小銃（付属品を含む）」一四七万ドル、「艦船」四〇万ドルとなっていることからも分かるように、幕末の政府支出の増加は、「艦船」「武器」「小銃」の直接的な輸入の増加と結びついていたのである。

7　日米実質為替レート

幕末期には、周知のように日本の開国と通商においてアメリカが大きな役割を果たしたこともあって、当初は、日本の貿易相手国としては、イギリスに次いで輸出入額の三分の一のシェアを占めていたが、南北戦争によって一八六五年にはゼロに等しい状態にまで激減した。

『横浜市史　第二巻』は、南軍の巡洋艦がシナ・日本海上に来るとの噂が流布されこれが相当の効果をもったこと（アメリカ領事（長崎駐在）ウォルシュの話）や、アメリカの海運業がほとんど消え他国に奪われていること（アメリカ領事（神奈川駐在）フィッシャーの話）を例に挙げ、「南北戦争のあおりを受け、極東海上においても米国海運は、極度の沈衰におちいることを余儀なくされた」（五六八頁）としている。アメリカ国内での軍事的摩擦の結果、商船の安全な通行が妨げられ、アメリカの海運業が衰退したことが、日米間の貿易を事実上ゼロにした主因ではあるが、この節では、日米為替レートを通してアメリカ貿易衰退の要因を論考することにする。

アメリカでは、南北戦争の戦費調達ために「不兌換のグリーンバック」が大量に発行された。Friedman and Schwartz（1963）の解釈では、事実上、「グリーンバック・ドル」と「金ドル」からなる「複貨幣本位制」であった（pp.26–27）。「金ドル」は、イギリスが金本位制を採用していたこと等から、外国との貿易や外国への支払いにおいて「外国為替」の役割を果たし、アメリカ国内においては、西海岸では「金貨」が通貨として使われ、西海岸以外では「紙ドル（グリーンバック）」が使われていた（南部では、南軍政府発行の「グレーバック」も使われていた）。「紙ドル」の価格は、ニューヨーク市場において「金貨や（その等価物に相当する）イギリス・ポンド」との関係で決定されたのである。

不兌換の政府紙幣である「グリーンバック」の大量発行によって、「紙ドル（グリーンバック）」は「金ドル」に比して著しく減価し、（グリーンバック表示の）物価上昇が加速した。表２―５のように、一八六四年には、「紙ドル」の価値は、「金ドル」の半分となり、物価（卸売物価）も、一八六五年には一八六〇年の二倍以上になったのである（資料は、Mitchell（1908）p.4, p.28）。

実際に、こうした状況は、ロンドン市場の対米為替相場にも反映されている（表２―５及び表２―６を参照のこと。資料は、Denzel（2010）p.419, 421）。サンフランシスコ向け為替レートは、「金ドル」為替と「（金本位制の）ポンド」為替の交換レートであり、戦争中にもかかわらずレートは安定的に推移している。ニューヨーク向け為替は、「紙ドル（グリーンバック）」為替と「（金本位制の）ポンド」為替の交換レートである。南北戦争終結前年の一八六四年には「紙ドル」は、一八六〇年の「ポンド」価値の二分の一程度までに減価している。南部のニューオリンズ向け為替レートは、「（グレーバック等の）紙ドル」為替との交換レートであるが、やはり一八六四年には、一八六〇年の四〇％程度まで減価している。

一八六五（慶応元）年には、アメリカの南北戦争も終結し、「グリーンバック」を回収・整理する新しいスキームが提示されたことから、ニューヨーク向け為替や「紙ドル」相場も安定的に推移するようになり、（グリーンバック表示の）物価は下落に転じ、インフレは終息に向かう。すなわち、一八六五年四月九日に南北戦争は終結したことから、一八六五年平均のロンドン市場でのニューヨーク向け為替は、「一〇〇ポンド＝四八四・二八ドル」となり、一八六〇年水準にほぼ戻り、これ以降ほぼ安定的に推移している（表２―５）。アメリカの「イーグル（一〇ドル金貨）」が「重さ二五八グレイン、純度900/1000」であったのに対して、イギリスでは「重さ一トロイオンス（＝四八〇グレイン）、純度二二K（＝22/24）が三ポンド一七シリング一〇・五ペンスと等価」とされていたので、これを純金量で比較すると、「イーグル（一〇ドル金貨）二三二・二グレイン」に対して、「ソブリン金貨一ポンド

表2-5　アメリカの為替レート、紙ドル相場、卸売物価指数

年	為替レート ロンドン市場			紙ドル相場	卸売物価指数
	対ニューヨーク	対ニューオリンズ	対サンフランシスコ		
1860	481.70	478.46	502.21		100.0
1861	473.93	480.56			100.6
1862	548.85	596.74	507.95	113.3	117.8
1863	711.51		496.77	145.2	148.6
1864	934.90	1112.78	496.46	203.3	190.5
1865	484.28	761.28	494.64	157.3	216.8
1866	476.24	665.36	494.34	140.9	191.0
1867	486.02	658.28	494.85	138.2	172.2
1868	487.53	676.29	498.55	139.7	160.5
1869	484.75	640.01		133.0	153.5
1870	484.63	551.97		114.9	142.3
1871	485.84	533.36		111.7	136.0
1872	484.20	540.30		112.4	138.8
備考	60日／売手形 単位表示：100ポンド当たりのUSドル			金ドル＝100	1860年＝100
資料出所	Denzel(2010)p.419 及びp.421			Mitchell(1908)p.4 及びp.28	

表2-6　アメリカの為替レート（指数）

年	為替レート ロンドン市場		
	対ニューヨーク	対ニューオリンズ	対サンフランシスコ
1860	100.00	100.00	100.00
1861	98.39	100.44	
1862	113.94	124.72	101.14
1863	147.71		98.92
1864	194.08	232.58	98.86
1865	100.54	159.11	98.49
1866	98.87	139.06	98.43
1867	100.90	137.58	98.53
1868	101.21	141.35	99.27
1869	100.63	133.76	
1870	100.61	115.36	
1871	100.86	111.47	
1872	100.52	112.92	
備考	1860年＝100とした指数として表示		
資料出所	Denzel (2010) p.419 及びp.421		

一一三・〇〇一六グレイン」である。ここに、純金量ベースの交換では「一〇〇ポンド＝四八六・六五ドル」の交換レートが成立する。[17] したがって、表２―５と表２―６は、南北戦争終結以降、ドル・ポンド為替相場は、この金貨交換レートを基準として決定されたことを示している。

「紙ドル相場」は、一八六四年に、紙ドルは金ドルの半分になった。為替市場は、上で見たように速やかな調整が行われたのに対して、紙ドル相場の調整も始まるが、その調整速度は緩慢なものであった（表２―５）。このゆっくりとした調整を反映して、物価もタイム・ラグをともないながら、さらにゆっくりと調整された。卸売物価ベースでは、南北戦争終結の一八六五年が上昇のピークとなり、その後数年間、高い水準で推移し、一八七〇年以降は落ち着きをみせるようになる。

他方、日本では第Ⅱ部第１章で紹介したように、明和二（一七六五）年以降は、銀貨も「計数銀貨」に変わり、計数金貨と計数銀貨の交換に移行する。これが、「大坂の金相場」「江戸の銀相場」である。嘉永五（一八五二）年までは金貨・銀貨の改鋳等が行われたとしても、いくつかの例外を除き、相場は、公定レート「一両＝銀六〇匁」を基準として変動していたが、ペリー来航の嘉永六年以降は、大坂（金相場）、江戸（銀相場）ともに急激な「銀貨安」が進み、その後両者は大きく乖離するようになった（表２―７）。当時の経済の中心が大坂であったとしても、横浜の外国人貿易商等と交易する日本商人の輸出品の主たる産地や輸入品の消費地が、「東（江戸）の金遣い圏」であるとすれば「江戸の銀相場」「大坂の金相場」も視野に入れなければならない。

このように、日米両国ともに、「貨幣交換相場」（アメリカの「紙ドル相場」、日本の「江戸の銀相場」「大坂の金相場」）が成立していたことから、これらを考慮に入れて為替レートを検討する必要性がある。

まず、先に説明したように「アメリカ銀貨一ドル＝重さ四一六グレイン（純銀量三七一・二五グレイン）」に対して、「メキシコ銀貨一ドル＝重さ四一七と一七分の一五グレイン（純銀量三七七・二五グレイン）」の関係にあり（Linderman（1877）p.54）、アメリカ一ドル銀貨のほうがいくぶん軽かった。このため、アメリカ国内ではメキシコ銀貨に対して一・六％ほどのプレミアムが付いたが（髙橋（二〇一八）七七頁）、この章の分析の目的からすれば、両者はほぼ同一とみなして差し支えない。さらに、法律上は、アメリカ銀貨は五ドルまでの制限があるものの「法貨」とされていたこと（跛行金本位制）から、アメリカ銀貨一ドルはアメリカ金貨一ドルと等価と考えてよい。つまり、「メキシコ・一ドル銀貨≒アメリカ銀貨一ドル≒アメリカ金貨一ドル」の関係が成立し、アメリカ西海岸では、「金ドル（金貨）」が主として使われていたことから、「横浜洋銀相場」は、横浜とアメリカ西海岸との間の為替レートを意味することになる。

日米間の実質為替レートには、両国間の相対価格が関係する。表2—7(4)欄は、表2—3と表2—5から「（紙ドルベースの）日米相対価格」を計算したものである。

アメリカ西海岸を除いては、広く「紙ドル」が流通していたことから、横浜洋銀相場を「紙ドル」ベースに換算する必要が出てくる。「横浜洋銀相場」と表2—5の「紙ドル相場」から「名目為替レート・紙ドル換算（匁／紙ドル）」が求められるので（表2—7(2)欄）、これに「日米相対価格（表2—7(4)欄）」を乗じると「実質為替レート」が求められる（表2—7(5)欄）。

他方、アメリカの卸売物価水準は、「紙ドル」ベースで測られたデータであることから、西海岸の物価に関しては、これを「紙ドル相場」で除して「金ドル」ベースの卸売物価指数に換算し、「日米相対価格」を求める必要が出てくる（表2—7(4)欄）。実は、これに「横浜洋銀相場（表2—7(1)欄）」を乗じることによっても、「実質為替レート」が求められるのである（表2—7(5)欄）。すなわち、

名目為替レート（匁／紙ドル）×アメリカの卸売物価指数（紙ドルベース）／日本の卸売物価指数

＝名目為替レート（匁／金ドル）×アメリカの卸売物価指数（金ドルベース）／日本の卸売物価指数

が成立することから、「実質為替レート」は、ニューヨークとサンフランシスコでは「名目為替レート」が異なる

にもかかわらず、同一になるのである。

次に、日本国内では、横浜・江戸の関係（東（江戸）の金遣い圏）から江戸の銀相場と大坂の金相場を視野に入れると、為替レートとして「両／メキシコ・ドル」レートを検討する必要が出てくる。慶応四（一八六八）年五月に維新政府から、いわゆる「銀目停止令」が出されたことから（山本（一九九四）三一一頁）、表2―7(6)欄・(7)欄の「銀相場・金相場」のデータも一八六七年までのものとなっている（新保（一九七八）一七一―一七三頁）。金相場・銀相場で換算した洋銀相場は、（例外を除き）一ドル＝〇・五両よりも、いくぶん、両高であるが、相対的に安定的に推移している（表2―7(8)欄）。当初に定められた実務上のレート（一ドル＝一分銀四五匁）から導かれる交換比率「一ドル＝〇・七五両」よりも、かなりの「両高」である。

日本の卸売物価指数は、「（銀）匁」ベースのデータであることから、為替レートを「両／メキシコ・ドル」レートとして捉え直すときには、卸売物価指数も「両」ベースで捉え直さなければならないが（両建て物価指数については、大倉・新保（一九七九）二九一頁を参照）、アメリカ国内の「紙ドル・金ドル」関係とまったく同様の関係が成立する。それゆえ、江戸（東京）と大坂（大阪）で「（両で測った）名目為替レート」が異なるとしても、「実質為替レート」の計算においては、影響が出ないことになる。

したがって、日米間の実質為替レートは、表2―7(5)欄に示されたものとなる。他方、日英間の実質為替レートは、表2―3の実質為替レート欄に示されたものとなる。図2―4は、この二つの実質為替レートを比較したものである。両者の「連動性（同調性）」は、明白である。

第2節で紹介したように、横浜港の輸出入額合計は、一八六〇年の四九〇万ドルから一八六五年には三〇六二万ドルと、五年間でほぼ六倍増加となっている。国別シェアでは、当初は、アメリカが三一％ほどを占めていたが、南北戦争のために一・五三％まで落とし、この間、イギリスは、五五・三一％から八五・九三％まで伸ばしている。英米両国を合わせたシェアは、八七・〇一％から八七・四六％でほとんど変化がないことから、イギリスがアメリ

表２－７　日米の名目為替レート、実質為替レート、相対価格

年	名目為替レート		日米相対価格		実質為替レート (5)	金・銀相場		(参考) (8) 大坂
	(1) 横浜洋銀相場	(2) 紙ドル換算	(3) 金ドルベース	(4) 紙ドルベース		(6) 江戸	(7) 大坂	
1860				1.0000		72.40	73.36	
1861				0.8946		73.60	72.45	
1862	33.85	29.88	0.9829	1.1136	33.27	79.75	77.23	0.4383
1863	35.48	24.44	0.9063	1.3159	32.16	79.40	83.27	0.4261
1864	36.01	17.71	0.6812	1.3850	24.53	84.78	91.00	0.3957
1865	35.78	22.75	0.7582	1.1927	27.13	90.55	98.22	0.3643
1866	43.04	30.55	0.4712	0.6639	20.28	97.95	116.21	0.3704
1867	47.80	34.59	0.3978	0.5498	19.01	89.90	139.31	0.3431
1868	43.75	31.32	0.4098	0.5725	17.93			
1869	59.64	44.84	0.2707	0.3600	16.14			
1870	61.71	53.71	0.3211	0.3690	19.82			
1871	57.03	57.06	0.4235	0.4731	24.15			
1872	61.16	54.41	0.5137	0.5773	31.42			
備考	匁/メキシコ・ドルまたは匁/アメリカ・紙ドル					匁/両		両/メキシコ・ドル
資料出所	表２－１及び表２－６					新保(1978) 173頁		

図２－４　日米・日英の実質為替レート比較

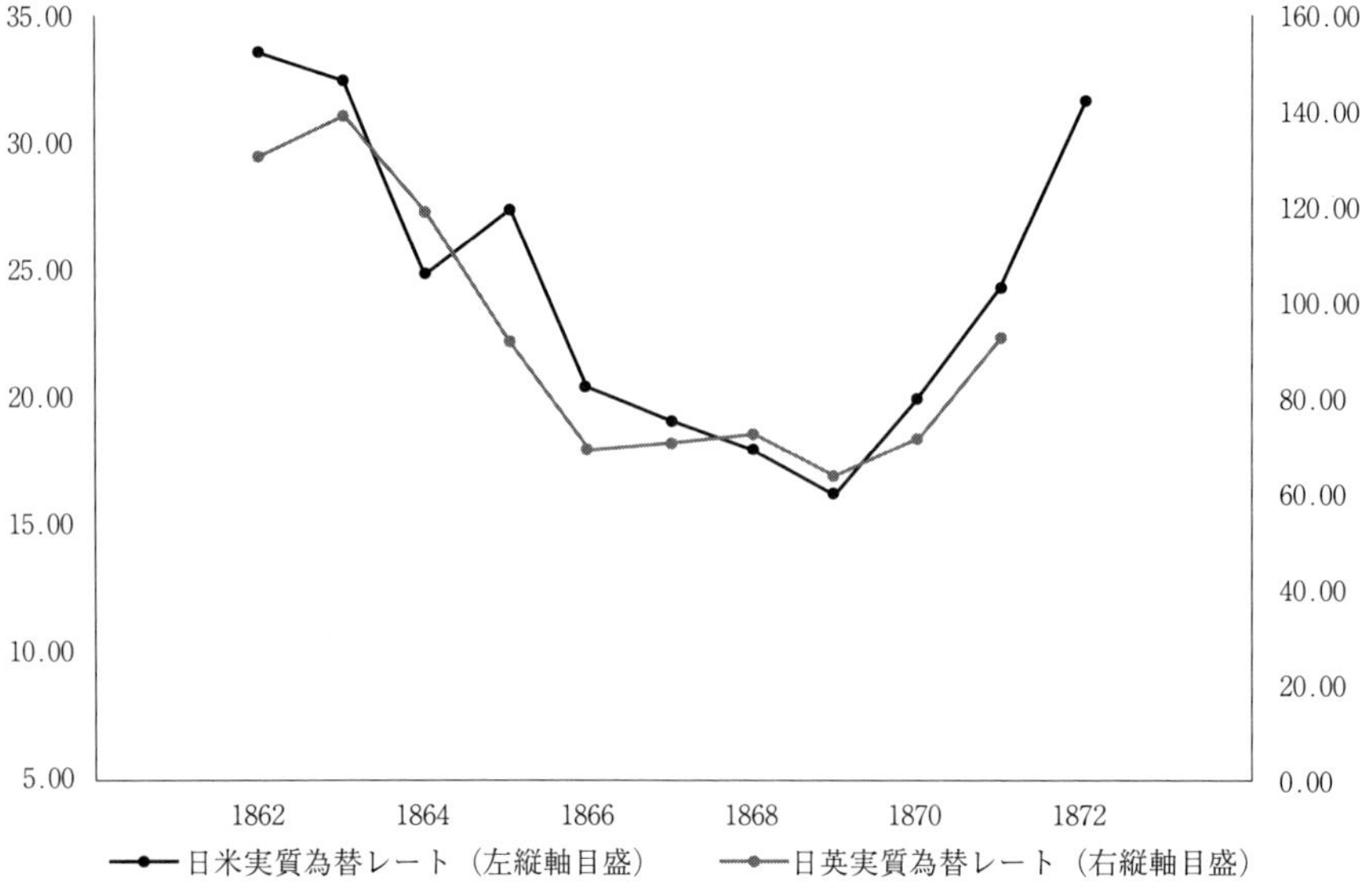

カ貿易を代替した形になっている。

従来の研究は、横浜洋銀相場に着目して幕末の貿易分析が行われてきたのに対して、本章では、横浜洋銀相場に加え、ロンドン為替市場、アメリカの紙ドル相場、日英相対価格、日米相対価格等に着目し、日英実質為替レートと日米実質為替レートを算出し、両者の「連動性（同調性）」、すなわち、日英実質為替レートが日米実質為替レートにほぼ単調に変換されることを見出した。このことは、通常ならば（経済学的には産業構造や消費構造の大きな変動がなければ）、イギリス貿易シェアやアメリカ貿易シェアに変化をもたらさないことを示唆している。

南北戦争によって、アメリカ商船の安全な通行が妨げられ、アメリカの海運業は衰退した。さらに、南軍の巡洋艦がシナ・日本海上に来るとの噂が流布され、日米貿易は、事実上、停止状態に陥った。この間、イギリスが勢力を拡大し、アメリカ海運業のシェア分を積み増したものと思われるが、経済学的には、日英間実質為替レートと日米間実質為替レートの「連動性（同調性）」から、英米両国の間で貿易の完全な代替が行われ、英米両国を合わせて九割弱の貿易シェアが維持されたものと考えるべきである。

（1）この「触れ」は、『勝海舟全集5　吹塵録Ⅲ』八八五―八八六頁に採録されている（余談になるが、咸臨丸で渡米した海舟は、この「触れ」が出される直前の五月五日に（浦賀に）帰国している）。日米修好通商条約等によって、この「洋銀と一分銀との交換は、開港後一年間に限られることになって居たので……外国側にとって重大な関心の対象であった」（石井（一九四一b）三三頁）ことから、これをめぐって幕府と外交団との間でさまざまな交渉が行われている。交渉内容は、石井（一九四一b）を参照のこと。

（2）第1章ですでに説明したように、この措置は、民間の一般取引に限定され、外交団や関税の納付には公定レートが適用された。山本（一九七九）註7も参照のこと。

（3）石井（一九四一ｂ）四九頁及び石井（一九八七）一六九―一七〇頁に採録された文書（Acting Consul Vyse to Mr. Alcock, February 19, 1861）による。

（4）「両」と「メキシコ銀貨」との関係は、「金一両＝銀六〇匁」の公定レートで換算すると、「メキシコ銀貨一ドル＝金〇・七七七五両」になる。

（5）註3と同じ文献による。なお、立脇（一九八六）は、洞富雄データを参照・引用しているが、これによれば、万延元年の（和暦）八月、九月は、ともに、「一ドル＝三〇匁」となっている（三一頁）。立脇＝洞の文久二年～慶応三年のデータは、註8で後述する第2系列のデータ（茂木惣兵衛洋銀平均相場書上）と同一データである。

（6）註3と同じ文献による。なお、本章と同じ文献に依拠しながら、山本（一九七九）三〇〇頁の第1表と山本（一九九四）一九四頁の表5―1では、「一ドル＝三六～三六・七〇匁」となっている。

（7）「各年一月期の平均概数（田口卯吉データ）」は、『鼎軒田口卯吉全集 第三巻』一〇一頁に採録されたデータである。本章では、これを「第1系列データ」と呼ぶことにする。

（8）「茂木惣兵衛による紙幣寮宛の洋銀平均相場書上（明治八年五月）」は、山口（一九五二）二四一頁及び二五〇頁において（最初に）紹介されたデータである（山口（一九五七）一九二頁及び二〇〇頁にも採録）。本章では、これを「第2系列データ」と呼ぶことにする。

（9）東京高等商業学校調査部調査（原稜威雄調査）にも幕末期の横浜洋銀相場の「別系列のデータ」が記載されている（復刻版、一〇二頁）。これら以外のデータについては、小野（一九五八）や立脇（一九八六）を参照のこと。

（10）第Ⅰ部では、文久三（一八六三）年一一月二七日の海舟日記、すなわち、
「聞く、今此処にて一ドルの価、我三十五匁二・三分、外国之コンシュル并諸役軍乗組之士官等、運上所にて我か貨幣と引替ゆる時は、旧約によって三歩宛なり」

について紹介したが、この海舟日記の記載は、文久三年一月の横浜洋銀相場（三四・四九匁）や文久三年の月平均の最低値・最高値（三四・四九～三六・四七）とも整合するものであった。さらに、外交官や軍艦乗組員が運上所で通貨を交換する場合には、この洋銀相場での通貨交換ではなく、海舟日記に記載されているように、旧約（日米修好通商条約第五条）によって、一ドル＝一分銀三分であった（公的には、改税約書第六条の一〇〇ドル＝一分銀三一一個替えであった）。

（11）小沼（二〇〇七）一二九頁を参照のこと。

（12）Michie（1987）では、ロンドン証券市場は、一八五〇～一九一四年の間、世界経済において「支配的地位」を占めたという表現がされている（p.35）。

(13) 一八七〇年のシンガポール市場の「ロンドン向け為替」は、「二二三・六四」であった。この年の二つの市場間の差異は、採録されたデータ月数の差異（香港市場が一一か月、シンガポール市場が一二か月）によるものと思われる。

(14) 「固定為替相場制」とは言っても、為替レートが「文字通りに」固定されたレートではなく、国際的な金銀相対価格の変化や為替の需給の変化等を反映して、為替レートが変動することは当然のことである。岩田（二〇一四）は、より複雑な一九世紀の金銀複貨幣制での外国為替についての理論的・実証的研究を行っているが、為替変動の上限・下限の図が示されている（この図の動きは、蛇になぞらえて「金蛇（gold snake）」「銀蛇（silver snake）」と呼ばれている）。

(15) 山本（一九九四）は、第１章を「万延二分判金考」にあて詳細な論考を行っている（五九―八六頁）。

(16) 『横浜市史 第二巻』五五〇頁には、二種類の「生糸輸出額変動指数」が掲載されている（執筆担当は、石井孝である）。石井（一九四四）から引用した本章の横浜・生糸輸出額は、このB系列の「価額指数」に対応している。

(17) Denzel（2010）p.405やNussbaum（1957）日本語訳二五―二六頁によると、アメリカでのポンド建ての計算は、一七八九年の法律により「スペイン（メキシコ）・ドル＝四シリング六ペンス」、すなわち、「一ポンド＝四・四四と九分の四ドル」とされた後、米英両国の通貨制度の数度の変更にもかかわらず、一八七三年まで為替レートもこの「平価」をもとに決定されてきたが、（一八七三年三月の法案承認により）一八七四年一月から「一ポンド＝四・八六六五ドル」に変更されている。なお、本章の表２―５のデータは、原データではなくこの連続性を考慮したデータである。

参考文献

論文・研究書等

安達裕之（一九九五）『異様の船』平凡社（平凡社選書一五七）

阿部謙二（一九七二）『日本通貨経済史の研究』紀伊国屋書店

有田辰男（一九六九）「幕末・維新期の石炭産業の一側面――長崎県香焼島炭坑を中心として」『経営と経済（長崎大学）』第四九巻第二号、五九―八四頁（長崎大学学術研究成果リポジトリ）

飯島千秋（二〇〇四）『江戸幕府財政の研究』吉川弘文館

石井寛治（一九八四）『近代日本とイギリス資本』東京大学出版会

石井孝（一九四〇a）「幕末開港と金貨流出問題（上）」『歴史地理』第七六巻第五号、一七―四一頁

石井孝（一九四〇b）「幕末開港と金貨流出問題（下）」『歴史地理』第七六巻第六号、一五―三二頁

石井孝（一九四一a）「幕末開港と外貨通用問題（上）」『歴史學研究』第一一巻第三号、四二―七〇頁

石井孝（一九四一b）「幕末開港と外貨通用問題（下）」『歴史學研究』第一一巻第六号、三三―五七頁

石井孝（一九四四）『幕末貿易史の研究』日本評論社

石井孝（一九八七）『幕末開港期経済史研究』有隣堂

石附実（一九九二）『近代日本の海外留学史』中央公論社（中公文庫）（初刊は、ミネルヴァ書房、一九七二年）

犬塚孝明（一九八七）『明治維新対外関係史研究』吉川弘文館

岩田佳久（二〇一四）「一九世紀複貨幣制の理論と金銀蛇による実証分析」『東京経大学会誌（経済学）』第二八一号、一五五―一九七頁

岩橋勝（一九七六）「徳川時代の貨幣数量」梅村又次・新保博・西川俊作・速水融（編）『日本経済の発展』日本経済新聞社、二四一―二六〇頁

大口勇次郎（一九八一）「文久期の幕府財政」近代日本研究会（編）『幕末・維新の日本』山川出版社、三一―六二頁

大口勇次郎（一九八八）「御用金と金札」尾高煌之助・山本有造（編）『幕末・明治の日本経済』日本経済新聞社、一五九―一八〇頁

大倉健彦（一九八七）「洋銀流入と幕府財政」神木哲男・

松浦昭（編著）『近代移行期における経済発展』同文舘出版、二三七―二五八頁
大倉健彦・新保博（一九七九）「幕末の貨幣政策」新保博・安場保吉（編）『近代移行期の日本経済――幕末から明治へ』日本経済新聞社、二七五―二九三頁
大山敷太郎（一九六九）『幕末財政金融史論』ミネルヴァ書房
荻慎一郎（一九九六）『近世鉱山社会史の研究』思文閣出版
尾高煌之助・山本有造（編）（一九八八）『幕末・明治の日本経済』日本経済新聞社
小沼宗一（二〇〇七）『イギリス経済思想史 増補版』創成社
小野一一郎（一九五八）「日本におけるメキシコドルの流入とその功罪（完）」『経済論叢（京都大学）』第八一巻第六号、三七三―三九一頁（『小野一一郎著作集 第一巻』三五―五九頁に再録）
小野一一郎（二〇〇〇）『近代日本幣制と東アジア銀貨圏（小野一一郎著作集 第一巻）』ミネルヴァ書房
笠原潔（二〇〇六）「幕末横浜居留地での英仏軍楽隊野外演奏種目」『放送大学研究年報』第二四号、六九―八三頁
菊池道男（二〇〇五）「幕末・維新期の日本経済と貨幣・金融――横浜正金銀行前史」『中央学院大学商経論叢』第一九巻第二号、四七―六五頁
小葉田淳（一九六八）『日本鉱山史の研究』岩波書店
権田益美（二〇一〇）「横浜と神戸の居留地における外国人商人――ウォルシュ・ホール商会を通してみるそのビジネス」『港湾経済研究』四九号、二一三―二二四頁
近藤和彦（二〇〇二）「グローバル化の世界史」『歴史と地理』第五五四号、一―一二頁
斉藤寿彦（一九八三）「外国為替銀行の成立」『国連大学人間と社会の開発プログラム研究報告』一―六〇頁
齋藤譲司・市川康夫・山下清海（二〇一一）「横浜における外国人居留地および中華街の変容」『地理空間』第四巻第一号、五六―六九頁
阪谷芳郎（一八九〇a）「貨幣史上ノ大珍事 甲」『國家學會雜誌』第四巻第四〇号、三一六―三三五頁
阪谷芳郎（一八九〇b）「貨幣史上ノ大珍事 乙」『國家學會雜誌』第四巻第四一号、三九三―四〇六頁
阪谷芳郎（一八九〇c）「貨幣史上ノ大珍事 丙」『國家學會雜誌』第四巻第四二号、四五四―四七二頁
鹿野嘉昭（二〇一一）『藩札の経済学』東洋経済新報社

新保博（一九七八）『近世の物価と経済発展』東洋経済新報社
新保博・安場保吉（編）（一九七九）『近代移行期の日本経済』日本経済新聞社
杉浦昭典（一九九九）『蒸気船の世紀』ＮＴＴ出版
杉山伸也（一九七八）「幕末、明治初期における石炭輸出の動向と上海石炭市場」『社会経済史学』第四三巻第六号、一九―四一頁
杉山伸也（一九八二）「日本石炭業の発展とアジア石炭市場」『季刊現代経済』第四七号、六四―七七頁
隅谷三喜男（二〇〇三）『日本産業分析１』岩波書店（隅谷三喜男著作集 第四巻）（初刊は、『日本石炭産業分析』岩波書店、一九六八年）
髙橋秀悦（二〇一八）『海舟日記に見る幕末維新のアメリカ留学――日銀総裁富田鐵之助のアメリカ体験』日本評論社
竹越與三郎（一九二〇）『日本經濟史 第七巻』日本經濟史編纂會
竹越與三郎（一九三五）『日本經濟史 第七巻』平凡社
立脇和夫（一九八六）「幕末明治期におけるわが国通貨主権と外国資本（上）」『経済学部研究年報』第二号、二三―四七頁（長崎大学学術研究成果リポジトリ）
立脇和夫（一九八七ａ）「幕末明治期におけるわが国通貨主権と外国資本（下）」『経済学部研究年報』第三号、一―四〇頁（長崎大学学術研究成果リポジトリ）
立脇和夫（一九八七ｂ）「香港上海銀行の対日戦略――戦前期を中心として」『東南アジア研究年報』第二九号、一―三五頁（長崎大学学術研究成果リポジトリ）
立脇和夫（一九九七）「香港上海銀行の経営戦略（上）」『早稲田商学』第三七五号、二八三―三二〇頁
東野治之（一九九七）『貨幣の日本史』朝日新聞社（朝日選書）
中武香奈美（一九九四）「幕末維新期の横浜英仏駐屯軍の実態とその影響」『横浜開港資料館紀要』第一二号、一―三二頁
中武香奈美（一九九六）「幕末の横浜駐屯フランス陸軍部隊」『横浜開港資料館紀要』第一四号、四二―七一頁
中武香奈美（一九九七）「下関遠征とフランス駐屯軍」『横浜開港資料館紀要』第一五号、四二―七一頁
野澤和男（二〇〇六）『船 この巨大で力強い輸送システム』大阪大学出版会
菱谷武平（一九八八）『長崎外国人居留地の研究』九州大学出版会

藤野正三郎（一九六五）『日本の景気循環』勁草書房
藤野正三郎（一九九〇）『国際通貨体制の動態と日本経済』勁草書房
藤野正三郎（一九九四）『日本のマネーサプライ』勁草書房
保谷徹（二〇一〇）『幕末日本と対外戦争の危機』吉川弘文館（歴史文化ライブラリー二八九）
洞富雄（一九七七）『幕末維新期の外圧と抵抗』校倉書房
三上隆三（一九八九）『円の誕生 増補版』東洋経済新報社（初刊は、一九七五年）
三上隆三（一九九一）『江戸幕府・破産への道』日本放送出版協会（NHKブックス636）
水田丞（二〇〇八）「初期長崎居留地における茶再製場設立と操業の経緯」『日本建築学会計画系論文集』第七三巻第六三三号、二五〇五―二五一二頁
水田丞（二〇〇九）「外国人居留地における茶再製場の建築と再製装置」『日本建築学会計画系論文集』第七四巻第六三九号、一一五五―一一六三頁
宮本又次（編）（一九六三）『近世大阪の物価と利子』創文社
元綱数道（二〇〇四）『幕末の蒸気船物語』成山堂書店
山口和雄（一九四三）『幕末貿易史』中央公論社
山口和雄（一九六三）「江戸時代における金銀貨の在高」『経済学論集（東京大学）』第二八巻第四号、五九―八〇頁
山口茂（一九五二）「日本金融史の一節」新庄博・高橋泰蔵・塩野谷九十九（編）『貨幣理論と貨幣制度』同文館、二三三―二六〇頁
山口茂（一九五七）『国際金融』春秋社
山崎覚次郎（一九二〇）『改訂増補 貨幣銀行問題一斑』有斐閣書房（初刊は、一九一二年）
山本有造（一九七九）「幕末・明治期の横浜洋銀市場」（新保博・安場保吉（編）『近代移行期の日本経済――幕末から明治へ』日本経済新聞社、二九五―三一四頁
山本有造（一九九四）『両から円へ』ミネルヴァ書房
横井勝彦（一九八八）『アジアの海の大英帝国』同文舘出版
横浜開港資料館（編）（一九九三）『史料でたどる明治維新期の横浜英仏駐屯軍』横浜開港資料館
横浜開港資料館（編）（一九九八）『図説 横浜外国人居留地』有隣堂
吉野俊彦（一九七四）『忘れられた元日銀總裁――富田鐵之助傳』東洋経済新報社

渡辺實（一九七七）『近代日本海外留学生史（上）』講談社

Alain, Cornaille (1994), *Le Premier Traité Franco-Japonais*, Publications Orientalistes de France.（アラン・コルナイユ、矢田部厚彦（編訳）『幕末のフランス外交官――初代駐日公使ベルクール』ミネルヴァ書房、二〇〇八年）

Alcock, Rutherford (1863), *The Capital of the Tycoon: A Narrative of a Three Years' Residence in Japan*, Harper & Brothers, N.Y.（オールコック、山口光朔（訳）『大君の都（上）』岩波書店（岩波文庫）、一九六二年。オルコック、山沢種樹（訳）『日本における三年間 上巻』大日本雄辯會講談社、一九四九年）

Black, John Reddie (1880), *Young Japan*, Trubner &Co., London（J・R・ブラック、ねず・まさし／小池晴子（訳）（一九七〇）『ヤング・ジャパン第1～3 横浜と江戸』平凡社（東洋文庫156・166・176）

Commercial Reports received at the Foreign Office from Her Majesty's Consuls between July 1, 1863 and June 30, 1864. Harrison and Sons, 1864 (House of Common Parliamentary Paper Online).

Crawcour, E. S. and K. Yamamura (1970), "The Tokugawa Monetary System: 1787–1868," *Economic development and Cultural Change*, Part 1, Vol.18, No.4, pp. 489-518.

Cullen, Louis M. (2009), Statistics of Tokugawa Coastal Trade and Bakumatsu and Early Meiji Foreign Trade, *Japan Review*, 21, 183-223.

Cullen, Louis M. (2010), Statistics of Tokugawa Coastal Trade and Bakumatsu and Early Meiji Foreign Trade, Part 2：Trade in Bakumatsu and Early Meiji Times, *Japan Review*, 22, pp.59-102.

Denzel, Markus A. (2010), *Handbook of World Exchange Rates, 1590-1914*, Ashgate.

Friedman, Milton and Anna Jacobson Schwartz (1963) *A Monetary History of the United States 1867-1960*, Princeton University Press.

Kattendyke, W. J. C. Ridder H. van (1924), *Uittreksel uit het dagboek van W. J. C. Ridder H. v. Kattendyke gedurende zijn verblijf in Japan in 1857, 1858 en 1859*, Librairie Fischbacher.（カッテンディーケ、水田信利（訳）『長崎海軍伝習所の日々』平凡社（東洋文庫26）、一九六四年）

Keynes, John Maynard (1913), *Indian Currency and Finance* (The Collected Writings of John Maynard Keynes (1971), Vol.1, Macmillan.（J・M・ケインズ、

則武保夫・片山貞雄（訳）（一九七七）『インドの通貨と金融』（ケインズ全集 第一巻）東洋経済新報社）に所収）

Linderman, Henry R.（1877）, *Money and Legal Tender in the United States*, G.P.Putnam' s Sons, New York.（The Internet Archive）（California digital Library, University of California）

McMaster, John（1960）, The Japanese Gold Rush of 1859, *The Journal of Asian Studies*, Vol.19, No.3, pp.273-287.

Michie, R. C.（1987）, *The London and New York Stock Exchanges 1850-1914*, Routlege.

Mitchell, Wesley C.（1908）, *Gold Prices and Wages under the Greenback Standard*, University of California Press.（Reprinted 1966 by Augustus M. Kelley・Publishers）

Nussbaum, Arthur（1957）, *A History of the Dollar*, Columbia University Press.（A・ヌスバウム、浜崎敬治（訳）『ドルの歴史』法政大学出版局、一九六七年）

Pineau, Roger（ed.）（1968）, *The Japan Expedition 1852-1854：The Personal Jouranal of Commodore Matthew C. perry*, Smithonian Institution Press.（ピノオ（編）、金井圓（訳）『ペリー日本遠征日記』雄松堂出版（新異国叢書第Ⅱ輯１）一九八五年）

The Daily Japan Herald.（一八六四年一一月一八・二四日号、一八六五年一月一四日号、一八六七年八月一九日号の各号）

The Japan Herald.（一八六二年一月四日号、四月二六日号、六月七日号、六月一四日号、九月六日号、一二月二〇日号、一八六三年一月二五日号の各号）

Williams, S. Wells（1910）, *A Journal of the Perry Expedition to Japan 1853-1854.*（ウィリアムズ、洞富雄（訳）『ペリー日本遠征随行記』雄松堂書店（新異国叢書８）、一九七〇年）

全集・史料等

『勝海舟関係資料 海舟日記（一）～（五）』東京都江戸東京博物館都市歴史研究室（編）東京都・（財）東京都歴史文化財団・東京都江戸東京博物館、二〇〇二～二〇一一年

『勝海舟全集 第二一巻 海舟日記Ⅳほか』勝部真長・松本三之助・大口勇次郎（編）、勁草書房、一九七三年

『勝海舟全集４ 吹塵録Ⅱ』勝海舟全集刊行会、講談社、一九七七年

『勝海舟全集５ 吹塵録Ⅲ』勝海舟全集刊行会、講談社、一九七七年

『勝海舟全集8～10 海軍歴史Ⅰ～Ⅲ』勝海舟全集刊行会、講談社、一九七三～一九七四年

『勝海舟全集17 開国起原Ⅲ』勝海舟全集刊行会、講談社、一九七三年

『勝海舟全集別巻 来簡と資料』勝海舟全集刊行会、講談社、一九九四年

『神奈川県史料 第七巻 外務部2』神奈川県立図書館（編）、一九七一年

『旧条約彙纂 第一巻（各国之部）第一部』外務省条約局（編）、一九三〇年五月（国立公文書館アジア歴史資料センター・デジタルアーカイブ（外務省外交史料館所蔵文書））

『桑折町史2 通史編Ⅱ』桑折町史編纂委員会（編）、桑折町史出版委員会、二〇〇五年

『桑折町史9 資料編Ⅵ』桑折町史編纂委員会（編）、桑折町史出版委員会、一九九四年

『大日本貨幣史 第八巻』本庄榮治郎（編）、内閣印刷局（朝陽會）、一九二六年

『大日本古文書 幕末外國關係文書之六』東京帝國大學（編）、一九一四年

『大日本古文書 幕末外國關係文書之三十四』東京大學史料編纂所（編）、一九七〇年

『鼎軒田口卯吉全集 第三巻』鼎軒田口卯吉全集刊行會、一九二八年

『締盟各国条約彙纂 第一編』外務省記録局（編）、一八八四年（国立国会図書館デジタルコレクション）

東京高等商業学校調査部（原稜威雄調査）「横浜開港当時之貿易状態並洋銀相場取引之沿革」一九一四年一〇月（校訂・服部一馬、『経済と貿易（横浜市立大学経済研究所）』第一〇一号、一九七〇年三月、九三―一二六頁に復刻）

『横浜市史 第二巻』横浜市（編）、有隣堂、一九五九年

『横浜市史 第三巻下』横浜市（編）、有隣堂、一九六三年

『横浜市史 資料編2（増訂版）統計編』横浜市（編）、横浜市、一九八〇年

『横浜市史 補巻』横浜市（編）、横浜市、一九八二年

『横浜市史稿 政治編2』横浜市役所（編）、臨川書店、一九八五年（復刻版）（初刊は、一九三一年）

索　引

著者紹介

高橋 秀悦（たかはし しゅうえつ）

1950年 宮城県生まれ
1977年 一橋大学大学院経済学研究科博士後期課程単位取得満期退学
一橋大学経済学部助手、東北学院大学経済学部講師、助教授を経て、1988年、教授。日本地域学会副会長（2015-2018年）

主な業績：
日本地域学会第12回論文賞受賞「グローカル・エコノミーのマクロ経済分析」2003年
A. B. エーベル／B. S. バーナンキ『マクロ経済学（下）――マクロ経済政策編』（伊多波良雄らと共訳）、シーエーピー出版、2007年
『海舟日記に見る幕末維新のアメリカ留学――日銀総裁富田鐵之助のアメリカ体験』日本評論社、2018年

幕末《ばくまつ》の金貨《きんか》流出《りゅうしゅつ》と横浜洋銀相場《よこはまようぎんそうば》
グローバル経済《けいざい》との遭遇《そうぐう》

2018年12月20日／第1版第1刷発行

著　者　高橋 秀悦
発行者　串崎 浩
発行所　株式会社日本評論社
〒170-8474　東京都豊島区南大塚3-12-4
電話　03-3987-8621（販売）　03-3987-8601（編集）
https://www.nippyo.co.jp/
印刷所　精文堂印刷
製本所　松岳社
装　幀　銀山 宏子

ISBN 978-4-535-55912-7